キーウで見たロシア・ウクライナ戦争

戦争のある日常を生きる

平野高志

星海社

318

SEIKAISHA SHINSHO

まえがき

ロシアによる対ウクライナ戦争全面侵略局面が始まってから2年半が経った。

私は2008年から現在までウクライナに暮らし、2014年から続くロシア・ウクライナ戦争（露宇《ろう》戦争）を巡《めぐ》る情勢を、10年以上毎日ウクライナで追ってきた。2014年からは4年間在ウクライナ日本国大使館で専門調査員として働き、2018年からはウクライナの国営ウクルインフォルム通信で記事を日本語に訳して配信する仕事をしており、全面侵略が始まってからも主にキーウで活動を続けている。そのウクライナ生活の間に、戦争について見聞したものや経験したことをまとめたのが本書である。

私は、情勢自体を追うのに加えて、日本語情報空間でこの戦争がどのように伝えられているかにも注目してきたのだが、日本の報道関係者や研究者、さらには一般の方々による情報収集、分析、発表の努力には実に目を見張るものがあると思っている。言語別で情報空間を見た場合、日本語による2022年2月24日以降の露宇全面戦争に関する情報の充実程度は、英語に次ぐ水準だと言っても過言ではないだろうし、部分的には英語空間よりも深く分析されているテーマもあるように思う。アジアの他の諸言語空間と比べれば、日本語空間のこの戦争に関する情報は間違いなく量・質ともに圧倒しているであろう。戦争の背景、現状、展望、ウクライナ社会の動静につき、多くの方々が事の重大さを深く認識した上で、多大な労力を割いて書籍、学術論文、報道、テレビ・ラジオでの解説、ソーシャルメディアでの発表の形で情報発信を重ねて、人々の理解を深める努力を続けている。日本の言論空間の矜持《きょうじ》を見る思いであるとともに、間違いなくそのお陰で、日本社会は全面戦争が2年半過ぎる中でも露宇戦争に対する関心を相対的に粘り強く維持できていると感じる。

同時に、これだけ多くの専門家が露宇戦争に関して日本語で継続した情報発信を行っていることで、発信者にとっては、他者と重複しない情報を発信することの困難さも生じている。

私はウクライナで報道に携《たずさ》わってはいるものの、軍事についても国際政治についても日本には私よりはるかに優れた専門家が多くおり、私が類似のテーマで何かを書いても、彼らの研究成果物の水準にはなかなか及ばない。

ウクルインフォルム通信の仕事はチームプレーで、私の役割は、主には同僚の取材結果を日本の読者のために記事にすることである。現場記者をしているわけではないので、激しい戦闘の起きている前線を防弾チョッキを着て訪れるわけでもなければ、政府高官や戦災者のインタビューをびしばし取って伝えているわけでもない。日々多くの情報を日本語で配信しているが、そのほとんどは私個人が得たものではない。その中で、今、私しか語れない、私が語らねばならないことは何か。しばらく考えてきた。

その問いに答える過程で書いたものの1つが本著である。これまでに、戦局の展望、ロシア軍の残虐《ざんぎゃく》行為、軍事支援、和平問題……といった、戦争で最も注目が集まる出来事や論点については、日本のまごうことなく優れた専門家が多くの論考を発表してきた。そこで、私は、その議論のはざまの情報として、現下の戦争において、ひょっとしたら最も人々の注目が集まらない部分、報道であまり取り上げられない部分かもしれない、「戦争のある日常を生きる」ということに焦点を当てて語ってみようと思う。

とかく報道というのは、紙面や報道時間が限定されるというその特性上、ニュース性の高い情報に注目を引きつけようとする傾向がある。露宇戦争への社会の関心を維持するという観点からは、注目を集められる情報を選び抜く努力が重要なのは論を俟《ま》たないが、同時に、それによって人々の知識に偏りが生じかねず、大きな出来事だけが記憶されてしまい、ややもすると、あたかもウクライナでは毎日全土でミサイルが飛び交い、住民が阿鼻《あび》叫喚《きょうかん》でシェルターへと駆け込み、困窮と絶望の中で毎日生活しているかのような、実態とはかなり異なる戦争のイメージを生み出しかねない負の側面もあるのではないか。

しかし、ウクライナの現実は、2年半が経過した今、しばしば報道よりもはるかに平凡な形で現れる。私が今この一文を書いているキーウのカフェには、若者たちが軽妙な音楽の流れる店内で歓談《かんだん》したり、ノートパソコンで仕事をしたり、スマホを黙々といじったりと、日本と同じような風景がある。しかしその一見平凡な風景の中にも、ミサイルや爆発の他に、それとは異なる形の「戦争」が潜《ひそ》み、一人一人が他者からの理解と共感を必要とする深い苦悩を抱えている。

そのような現下の侵略戦争におけるありのままの生活を伝えるには、過大評価と過小評価を極力避けながら、見落としがちな小さな事象もじっくり記述しなければならず、そうすることでようやく侵略を受けるウクライナの現実、戦争を生きる人々の心の機微《きび》を示せるようになるのではないか。そして、その等身大の姿を可視化できた時にはじめて、私たちがこの戦争に際して行うべきこと、考えるべきことがよりはっきりと認識できるようになるのではないかと思う。

ところで私は、長年写真も撮《と》り続けているのだが、「戦時下で撮る写真は、たとえどんなに普通の写真であっても『戦争の写真』である」と思いながら日々撮影している。2年前に空襲警報の鳴る空の下を一緒にジョギングしていた親友が最近軍に入隊した。彼と朝のキーウのジョギングの際に毎回撮っていたセルフィ、入隊前にピザを食べながらマリオカートをした時に撮った写真、その後配属先まで行って会った時に撮った写真、未来に撮る写真。その全てが、小さくも大切な私たちの歴史であり、この忌《い》まわしき侵略戦争の断片の記録である。

この本では、そのような戦時下の生活の断片をQ&Aとエッセイの形でまとめた。ウクライナの外でこの本を読んだ方々が、この戦争をより現実に近い姿でイメージできるようになればと思う。

目次

第2章 ウクライナで考えるロシアの全面侵略戦争

第1章

戦時下の生活

食糧や水、電気やガスは足りていますか？

まず理解しておいてもらいたいのは、戦争の状況は国内地域によって大きく異なるということです。戦争と災害を比べるのは本来はあまり適切でないことは十分に承知しつつ、そこをあえてわかりやすくするために災害の例を示すと、東日本大震災があった時、日本国内で生じた物不足などの様々な問題の程度は、地域によって大きく異なっていましたね。そこから、戦争に関しても問題の程度が地域によって大きく異なることを類推してもらうとわかりやすいかもしれません。具体的には、現時点（2024年8月）では、キーウにおいて物不足はほぼないと言い切って大丈夫です。前線から近いザポリッジャやヘルソンでも、支援のおかげもあり日常品は十分あります。

民間航空機が飛ばなくなっており、海上輸送も当初は困難だったので、外国との間の物流はしばらく陸路に限定されていたものの、その陸路は全面侵略初期から基本的に問題なく機能しているため、大半の地域では物不足は生じていません。日本からの郵便物も空輸と陸路の組み合わせなら大体1か月未満でキーウに届きます。その中で、物不足が生じているのは、直接戦闘の被害を受けており、民間企業がトラックで物を運び込むことが困難な場所にある自治体、それから現在ロシアに占領されている地域です。

ガスが止まるのは、ロシア軍の砲撃が激しい地域で送ガス管が破壊され、修復が間に合わない地区（例えば、ロシア軍が激しい攻撃を数か月続けたハルキウ市北部のピウニチナ・サルチウカ地区は、ロシア軍を近隣から排除した後もしばらくガスが止まっていました）や、ロシアの侵攻で破壊され、ロシア軍に占領された上に、ロシア占領政権が修復を行っていない自治体などです。そのような場所では、住民は屋外で火をおこして料理をしていたりします。キーウ市内はガスはほとんど止まっていません。

停電は、2022～2023年秋冬にかけてロシア軍が電力インフラをミサイルや自爆型無人機で集中的に攻撃した時に、電力不足が生じて、キーウをはじめ多くの自治体で計画停電が導入されました。当時は、自治体によっては電力不足に加え、送電網が切断されたことにより、数日間全面停電になったところもありました。2023年春以降、停電はしばらく起きていなかったのですが、2024年春以降、ロシア軍が再び電力インフラへの攻撃を強めたため、大規模な計画停電が導入されています。

インターネットが使えなくなる場合は、大体停電と連動しており、プロバイダや携帯通信会社が停電になるとインターネットがつながらなくなります。他方で、携帯電話の基地局が停電になっていない、あるいは発電機が導入されており、関連機材に電気が届いている場合には、仮に個人の家で停電になっている時でも、スマートフォンでのインターネットは利用できます。なので、2022~2023年の冬はモバイルバッテリーやポータブル蓄電池を複数購入して活動している人が多かったです。また、停電が頻発《ひんぱつ》するようになってから、飲食店など多くの企業が個人用発電機を購入して、停電の際でも営業を継続できるように準備しています。

停電時の散髪　美容師「もう少しで停電の時間だから、先にドライヤーで髪を乾かしておこう！」

生活用品で特に不足しているものはありませんか？

全国で大規模に生活用品が不足したのは、ロシア全面侵略が始まってから最初の1、2か月だけです。当時は市民の間で混乱が起こり、食料品の買い占めが生じたこともあり、食料品店から基本食料品が一時的に姿を消したと言われましたが、私の活動範囲では確認できていません。ウクライナの食塩の製造工場が東部ドネツィク州のソレダールにあり、同地での戦闘が激しくなることで、食塩の流通が一時的に滞り、私は2022年4月に他州に住む友人からもし近所で食塩を売っていたら2袋ほど買って郵送して欲しいと頼まれました。ただし、それもポーランドやトルコの塩が輸入されるようになり、すぐに解決しました。本当に流通に障害が生じて不足したというよりは、不安を感じた住民が混乱のあまり買い占めたことで一時的に品切れただけだと思います。

加えてウクライナは世界でも有数の農業大国であり、全面戦争下でも国外に農産品を輸出して外貨を稼ぐほどで、国内流通分の食料品には全く不便しない土地柄です。また、戒《かい》厳令《げんれい》が始まり、ロシア軍の攻撃の危険から空路と海路が止まりましたが、陸路は生きており、EU側との間の流通はしっかり機能しています（その後、海路は部分的に復旧しました）。また近隣諸国までは空路を使って輸送することができています。

例えば、アフリカ諸国から様々なコーヒー豆がウクライナ各地に届いていますし、中南米から高級なバラの花も飛行機と冷凍トラックを使って輸入されているほどです。日本との間では、国際郵便が再開してからは、国際郵便サービスで大体1か月弱で荷物が届きます。最近は抹茶《まっちゃ》が人気で、抹茶ラテのように混ぜて飲むための安い物から茶筅《ちゃせん》を使って本格的に点《た》てて飲む高い物まで色々輸入されています。

今思い出せる範囲では、キーウでは一切何も不足していないですし、スーパーでもデパートでも市場でも全ての物が平時同様に一定の余剰とともに陳列されています。強《し》いて言えば、飛行機が使えず、生魚はトラックで運ばなければならない分、鮮度が落ちているかもしれません。冷凍して運ぶしか手がないのじゃないかと思っていますが、詳《くわ》しくありません。

スーパーの生鮮品売り場

外国製品はどれくらい流通していますか？

先ほど説明したように、流通は陸路が完全に生きているので、外国製品の増減はほぼないです。iPhoneも新品が買えますし（私も最近SEを買いました）、廉価《れんか》品から高級品まで何でもあります。街中で物品の増減を感じることはほぼない、と断言して良いと思いますし、そもそもオンラインショップを通じて国外の商品を買ってウクライナまで配送してもらうことも全く問題なく行えます。

戦争の現在の局面がウクライナ経済に与える変化は、物流のような目に見えるところではあまり生じていないように思いますが、路上からはなかなか見えない金の動きにはもっと変化があるそうで、外国からの投資などの形でのウクライナへの資金流入が戦争リスクを恐れて激減したと聞きます。私は金融は専門外なので詳しいことは言えませんが、そうであれば中小企業よりも大企業の方がより深刻で長期的な被害を受けているということになります。失業や収入減、能力にあった望むような仕事が見つけられない、というような悪影響が、外資の流入の鈍化によって生じているのかもしれません。

同時に、日本政府はその問題をよく理解しているようで、日本企業のウクライナ市場への参入を積極的に促していますし、JETROもキーウ事務所を開設して活動を始めています。企業の参入によって、ウクライナ経済を復興していき、それによりウクライナ国民が裨益《ひえき》し、日本とウクライナとの間の人の交流も進んでいく、というウクライナ支援のビジョンは互恵的で、今後さらに発展していくことを期待しています。

ロシアの全面侵攻前後、学校や会社、役所やお店の様子はどうでしたか？

学校も会社もお店も全面侵攻当初、一時的に止まりました。

面白いことに、2022年2月24日の初日だけは、私の住んでいるアパートの近所のスーパーも薬局もパン屋もまだ開いていました。友人は、24日の朝、とりあえず外に出て、開いていた店のドネルケバブを食べたと言っていました。その時ケバブ屋の店員に「戦争が始まったのか」と聞かれて、友人が「始まった」と答えたら、店員は「そうか」と答えただけで、普通にケバブを作って売ってくれたそうです。

キーウの別の友人は24日の朝、何をすべきかわからず、混乱状態でとりあえず職場に電話して「今日はちょっと遅れそうです」と伝えたら、上司から「何言ってるの、それどころじゃないでしょう、今日は当然休みですよ！」と言い返されたと話していました。

多分、多くの人が全面侵略が始まった瞬間は、何をすべきか決断し切れず、ある種の慣性のような感覚で仕事に出ていたのではないかと思います。翌25日には、私の住んでいるところのお店はもう全て閉まっていました。

その後、キーウでは、私の把《は》握《あく》する限り、4月~5月に一気に多くの飲食店が営業を再開しました。とりわけ営業再開が早かったのは、ピンク色にマリネされた玉子が入っていることで知られる人気のラーメン屋「Ramen vs Marketing」で、再開はロシア軍の市周辺からの撤退が始まった3月末でした。おそらく市内の飲食店全体で最初の再開だと思います。お店の再開直後にラーメンを食べた方は「侵攻前の懐かしい味に感激した……」と話していました。それは自分の国、町が侵略を受けるという極限的な状況に置かれたウクライナの人々にとって、ラーメンが戻ってきたことが「日常」の感覚をもたらしたということかもしれません。なお、全面侵略開始後に「Ramen vs Marketing」が始めた豚骨ラーメンは絶品です。

また、2022年10月10日の朝に、ロシアの大規模なミサイル攻撃がウクライナ全土に対して行われ、キーウ中心部にもミサイルが着弾して死傷者が出ました。私はその2日後に着弾現場を訪れ、公園に空いた大きな穴を見た後、そこから約100メートルの距離に位置するバーに入ったら、普通に営業していて、ライブ演奏も行われていたので少し驚きました。そのことを店

キーウ中心部のミサイル着弾地点(左)とすぐ近くのバー(右)(2022年10月12日撮影)

員さんに聞いてみたら、着弾のあった当日は休業したが、翌日にはもう営業を再開した、と話していました。そこには、ウクライナの戦争と生活の間の距離感がよく表れていると思います。

大学で日本語を教えている知り合いと2023年1月に会った時には、全面侵攻の最初の頃は皆が散り散りになって授業どころではなかったけれど、次第に授業が再開されていき、今では面倒な書類提出などの事務作業も全部戻ってきてしまったと苦笑いしていました。

全面侵略期、教師たちは、オンラインで授業を行うことが多かったと聞きますが、その前にコロナ禍があったことで、教師も生徒・学生もオンラインでの授業に約2年間慣れていたために、その点では大きな混乱は起きなかったと聞きます。コロナ下で培われた経験が全面戦争下で活かされている一例です。

物価変動はどれくらいありますか？

2022年のインフレ率は26・6％と例年に比べて急騰《きゅうとう》したため、物価の上昇はあらゆるところで感じられました。

私は家計簿をつけない生活をしており、インフレも徐々に生じるものなので、特にこれが上がったというのは正確にはなかなか紹介しにくいのですが、それでも最近キーウの飲食店に入ると、コロナ禍の頃と比べて大きく値上がりしたなと感じます。飲食店の場合は、頻繁に生じる停電を受けて、発電機を使わないといけなくなったことでコストが嵩《かさ》んでいることも理由の1つだと聞きます。また、職業によっては、給与の上昇よりもインフレの方が速い分野もあるため、その場合は過去2年の物価上昇に苦しんでいるのじゃないかと思います。

他方で、ハイパーインフレのような過剰な状況が生じているというわけではなく、全面侵略が続く中でもインフレ率は時間が経つにつれて徐々に鈍化していると聞きます。

それから物価の変動が特徴的だったのは不動産市場です。不動産の値段は全面侵略が始まってしばらく乱高下しました。まず侵略被害がある、あるいは占領の危険がある地域では、不動産を売却する人が急増したのか、アパート等の価格が急落しました。他方で、ウクライナ西部では避難民が急増したために、不動産価格や賃貸価格は反対に高騰しました。しかし、キーウやハルキウの周りからロシア軍を撤退させることに成功すると、相場は急速に元に戻りました。フリヴニャ（ウクライナの通貨）安もあり、今では大半の自治体の不動産はフリヴニャ換算で全面侵略開始前よりも高くなっているようです。ただし、ザポリッジャ市やヘルソン市のような前線に近く、ロシア軍の砲撃やミサイル攻撃の被害に遭う頻度が高いところでは、不動産価格は他の町より相対的に低いままです。当然ながら、ロシア軍によって不動産が被害を受けるリスクが価格に反映されています。

ウクライナ中央銀行の定める政策金利は、全面侵略前には6〜10％でしたが、全面侵略が始まると10％から25％に大きく引き上げられました。その後、2024年6月時点では13％にまで引き下げられています。

空襲や空襲警報はどれくらいありますか？

現在大半の地域では、全面侵略戦争を続けるロシア軍がミサイルあるいは自爆型無人機を地上、空中、海上から発射した時、またはミサイルを発射する戦闘機が離陸した時に、着弾の危険がある地域で空襲警報が発令されます。よって、災害と異なり、侵略国ロシアの意志によって頻度は変化するので、一概にどれくらいの頻度で警報が発令されるかを述べるのは難しく、また地域によっても傾向は大きく異なります。

例えば、前線に近いザポリッジャ市やドニプロ市では、先日訪れた時（2023年8月）は1日に4、5回の警報がありました。キーウは、1週間ぐらい警報が全く発令されない時もあれば、1日に何回も発令される時もあります。警報は、「ミサイルや無人機が一定の時間後にその地域に着弾する可能性がある」時に前もって予防的に発令されるため、実際には他の地域に飛来する場合や、戦闘機が離陸しただけで、ミサイルを発射しない場合にも鳴ります。

警報が解除されるのは、飛来の確認されたミサイルや自爆型無人機が撃墜《げきつい》されるか、どこかに着弾・墜落するかして、すでに警戒すべき飛翔《ひしょう》物が確認されなくなった時、あるいは戦闘機が着陸し、ミサイルの発射される可能性がなくなった時です。ミサイルや無人機の飛翔時間は、どのように飛行するか、どこで撃墜されるかによって変わり、早く撃墜されたり、着弾したりすれば、それだけ解除も早いです。またミサイルの種類によって速度が違います。簡単に言うと、弾道ミサイルは巡航ミサイルよりも速いため、警報が鳴ってから撃墜・着弾までの時間が非常に短く、警報発令の1分後に着弾することもあります。

巡航ミサイルや自爆型無人機の場合は飛行ルートが必ずしも直線でなく、ロシア軍が防空システムに撃墜されないように複雑なルートで飛ばすこともあり、そうすると警報が発令されている時間も長くなります。また、これらの発射が一斉でなく、間隔を置いて複数回に分けて行われる場合が少なくなく、そうすると何時間も警報が解除されないこともあります。他方で、ミサイルを搭載した戦闘機が離陸してすぐ着陸する場合は、警報が15分ぐらいで解除される時もあります。

以上をまとめると、キーウで私が経験している警報の継続時間は短くて15分ぐらい、長くて大体4～5時間ぐらいですが、それより長い時もあります。キーウに限って言えば、警報は1～2時間ぐらい続く場合が多いと感じていますが、夜中の間ずっと警報が解除されないことも時々あります。

着弾の頻度は、ロシア軍が何をどれだけ発射するか、それをどれだけウクライナ軍が防げるかによります。つまり、相手側の無人機・ミサイル発射数、ウクライナの防空体制の充実度（これも常に変化しています）、警報が発令される地域（全ての地域に同じだけの防空体制が整っているわけではありません）に左右されるため、簡単に「どのぐらいの割合で着弾がある」とは言いにくいです。

そこをあえて現時点の（おそらく防空システムが揃っている）キーウに限って言えば、警報が鳴っても着弾しない場合の方がはるかに多くなっており、警報が鳴っても飛来しない時もあるし、飛来しても撃墜できるケースが多くなっています。なお、着弾がなくても、ミサイルや無人機が撃墜される際の爆発音が時々聞こえますし、撃墜されたミサイルや無人機の破片が落下した際に建物や民間人に被害が出ることも多々あります。

これはつまり、キーウで空襲警報が鳴った時に、実際にキーウにミサイル・無人機が飛来する確率は低く、防空システムの充実により飛来しても着弾する確率は低く、さらには着弾するのが839平方キロメートルのどこか……ということになるわけで、自分のいる場所に着弾する確率はどうしてもかなり低くなり、多くの人がこの確率とオンラインで確認できる警報発令の根拠に関する情報を考慮した上で、シェルターまで避難すべきかどうか、室内の奥、窓から離れたところへ移動するだけにしようかなどと決めて行動しています。

これが、前線近くで、多連装ロケットシステムや榴弾砲《りゅうだんほう》といった面を制圧するような兵器の射程に入っている自治体では、着弾頻度はミサイルとは比べものにならないほど高くなるので、シェルターにずっと隠れて生活する人もいますし、そもそも自治体によって町から避難することが勧告《かんこく》されます。

最近で言うと、2024年8月26日未明から日中にかけて、ロシア軍がミサイル127弾（うち弾道ミサイル9弾）、自爆型無人機109機による大規模な攻撃をウクライナ全土に対して行いました。この内、ウクライナが撃墜したのはミサイル102弾、無人機99機でした。キーウでは空襲警報は夜中と朝に発令され、私は朝9時に爆発音を複数回聞きました。同日のキーウ市の警報の長さは合計で8時間強、キーウ州では約13時間でした。この攻撃によりウクライナ全土で市民7名が死亡、47名が負傷したと発表されました。

空襲警報が出たとき、ウクライナの方々はどう過ごされていますか？

完全に人それぞれです。政権の勧告としては「シェルターへ向かう」一択なのですが、実際には、空襲警報はミサイルを発射する戦闘機が離陸した段階で発令されることも多いですし、自爆型無人機や巡航ミサイルですと発射された後も、自分の住んでいる自治体に飛んでくるかどうかわからず、飛来する場合でも、40分から1、2時間ぐらいかかるので、続報に注意を向けながら、自分の住んでいる町まで飛んできそうかどうかを確認した上で、どのように行動するかを決める、という人が多いです。また、仮に自分の自治体に飛来したとしても、自分が被害を受ける確率は小さいと高《たか》を括《くく》っている人もかなりいます。

実際、キーウ市やハルキウ市の近くまでロシア軍部隊が集結して、命中率の低い榴弾砲などで住宅街に対してやたらめったらに砲撃してきていた頃と違い、最近の長射程ミサイルや自爆型無人機の攻撃は、着弾の傾向からして、攻撃目標をより特定した上で発射されているように思えます（実際、ウクライナ空軍もそのように説明することがあります）。

しかしながら、それでも防空システムに撃墜されたミサイルの破片が住宅に落下して死傷者が出る事例はあとを絶たないですし、「キンジャル」のように発射から数分で目標地点に飛来する弾道ミサイルが発射される場合も増えてきているため、悠長な対応をしていることでいざ着弾した時に自分の命を守れない可能性があることも事実です。

しかし、現実には、多くの人は、おそらく正常性バイアスも生じていますし、飛来の確率や、生活面での合理性を考慮しながら、その都度判断しています。子供がいる人などは、避難問題は自分の安全だけに関わることではないのでシェルターへ行く人が多いと思いますし、他方で、足腰の弱い方が警報の度に毎回シェルターへ向かう、というのは難しいです。あまりに頻度と着弾数が多くなるとシェルターからほとんど出なくなる、という話も他の町の話として聞いたことがありますが、キーウではそこまでの事態にはなっていません。

また、次善策として「壁2枚ルール」というものもあり、シェルターへ行かずに、自宅の窓から壁2枚離れた場所へと移動するという避難の仕方も広まっています（政府が勧告するものではありません）。同時に、私のリヴィウの友人は、住んでいる集合住宅に着弾があったのですが、その時は両親とともにシェルターに避難していたから助かりましたし、近隣では10人が死亡しました。その友人は、今も空襲警報が鳴る度にシェルターへと避難しているそうです。

キーウでは、飲食店も空襲警報が発令されても営業を続けるのが普通ですが、私の知る限り、今のところの唯一の例外はマクドナルドです。キーウ市内では約50店のマクドナルドの店舗が営業していますが、空襲警報が発令されると、店内放送で警報の間は店を閉めることが客に伝えられ、警報解除まで営業が止められます。

ところで、マクドナルドは、他の多くの飲食店同様、ロシアの全面侵略を受けて営業を停止したのですが、多くの店はロシア軍がキーウ周辺から撤退した4、5月頃から営業を再開したのに対して、マクドナルドはなかなか再開しませんでした。ウクライナ外務省はマクドナルド本社や米国政府との間でウクライナでの同社店舗の営業再開について協議したことを明かしています。その後2022年9月20日に、全面侵略開始以降最初となる3店舗がキーウで営業を再開しました。他方、東部ハルキウでは、2024年8月時点で、まだ営業が再開されていません。

シェルターとはどんなものですか？

キーウの状況しか知りませんが、市内の集合住宅には、地下部分にシェルターがあらかじめ備えられているものがあります。ただし、全て集合住宅にシェルターがあるわけではなく、仮にあっても利用できる状態になっていないものも少なくありません。ウクライナは地震の少ない地域なので、100年前に建てられた建物もざらに見かけます。その中でとりわけ第二次世界大戦の前後、スターリンがソ連のトップだった頃に作られた集合住宅は話し言葉で「スターリンカ」と呼ばれるのですが、この「スターリンカ」はしっかりしたシェルターが設置されていることが多いそうです。

詳しい経緯を調べたことはないので私の理解が間違っている可能性はありますが、当時ソ連には、核兵器の使用も含めて、次の大きな戦争の勃発が現実的な脅威《きょうい》であったために、新たに建物を建設する際にはシェルターを設けるのが当たり前だったのではないかと想像しています。

なお、キーウ市内のシェルターの場所は、全面侵略の始まる前からキーウ市行政府がオンラインマップを公開しており、誰でも自宅の近くのどこにシェルターがあるかを確認できるようになっています。しかし、その地図上にシェルターがあると書かれていたところでも、実際に行ってみたら入り口がずいぶん前に塞《ふさ》がれていて入れなかったとか、整備されておらず利用可能な状態ではなかったとか、学校の建物の中で一般人は入れてもらえなかった、扉に鍵がかけられていて入れなかった、などのトラブルがしばしば聞かれました。

また、マンションの地下駐車場や地下鉄の駅もシェルターの一形態としてその地図に記されています。キーウ市内の新築のマンションであれば地下駐車場があるのが普通ですが、設計の際に「いざとなったらシェルターとしても使える」という考えで駐車場を設置していたわけではなかっただろうと思います。

キーウの地下鉄に関しては、よく「キーウの地下鉄は深く作られているが、これは核戦争が起きた時にシェルターとしても使えるように考えられているためだ」という話を聞きます。実際、1960年に運行が開始された時の最初の5つの駅のうち、いくつかには気密性の高い扉が当初から設置されているため、シェルターとしての機能を想定していた可能性は大きいです。

ただし、地下鉄の深さに関しては、最初に作られた5つの駅「ドニプロ」「アルセナリナ」「フレシチャーティク」「ウニヴェルシテト」「ヴォクザリナ」のうち、アルセナリナ駅は深さ105・5メートルで、長らく世界で一番深い駅だったのですが（2024年時点では中国重慶市紅岩村駅に次いで、二番目に深い駅）その隣のドニプロ駅はもうドニプロ川に面した屋外駅であり、この2つの駅を繋げる構想が当初の設計計画にあったのであれば、地下鉄の深さ自体はシェルター構想とは別の理屈で決められたのかもしれないとも思います。

いずれにせよ、実際、現在ロシアからのミサイル攻撃や空爆がある際に、地下鉄のあるキーウ、ハルキウ、ドニプロの市民によって、地下鉄駅がシェルターとして活用されているのは事実ですし、万が一ロシアが戦術核兵器を都市部に対して投下した場合、最も安心して利用できるシェルターは地下鉄駅だろうとは思います。2024年8月26日のロシア軍による大規模ミサイル・無人機攻撃の際には、約5万2000人の市民がキーウ地下鉄駅をシェルターとして利用したそうです。

戦争が始まってから「死」を感じた瞬間はありますか？

全面侵略が始まる前、軍事専門家の方々が、ロシア軍は侵攻を始めたら、まずミサイルでウクライナの防空システムを徹底的に無効化するだろうと予想していたので、私はもしそうなれば、ロシア軍は航空戦力を用いてキーウを含めた都市部を大規模に空爆する可能性もあると考えていました。そのため、2022年2月24日に自宅で最初の空襲警報を聞いた際には、キーウの街が大きく破壊されるイメージを否応なく抱かざるを得なかったですし、その時にはいくらか死の恐怖を感じたように思います。ただし、それはあくまで警報でしかなく、ロシア軍の戦闘機や戦車、ロシア兵を自分の目で見たわけではないですし、ミサイルが近所に着弾したわけでもないので、自分の死を「間近に感じた」とまでは言い切れません。直接的な死の危険の感覚までにはまだかなり距離があったと思います。

私の近所のシェルターではインターネットが使えず、ニュースを書く仕事のできる環境を確保しなければいけないと思って、2月25日夜には電車でキーウを離れてリヴィウへ移動しました。その出発の前に、キーウ市内の仲の良い友人3人とシェルターで会って、今後それぞれどうするか話し合ったのですが、その時彼らが3人とも最後までキーウに残ると言った時は、私は彼らがロシア軍によって殺されるイメージを抱いてしまいました。その友人たちと別れる時は、彼らと会えるのはこれが最後になるかもしれないと真剣に思い、息が詰まるような苦しい思いを抱きました。なお、その後、幸いなことにその3人は皆無事ですが、1人は今年軍に志願して入隊しました。

それ以降、私個人が死の危険を感じる機会はほぼないと言っても過言ではないと思います。強いて言えば、ミサイルがキーウに飛来して、比較的近くで爆発音が聞こえる時です。距離によっては、爆発の衝撃波で近所の鳥が一斉に飛び立ち、乗用車のアラームが鳴り出すこともあり、その瞬間には多少の恐怖が蘇ります。ただし、それも全面侵攻の最初の空襲警報や最初の爆発音を聞いた際の感覚とは、全く比べものになりません。

個人でできる、やっておくべきだった戦争への備えはありますか？

ありますか。私は、ロシア軍がキーウまで攻めてくる可能性を全然考えていなかったわけではないですが、それでも「再侵攻が始まったとしても東部や南部への攻撃が中心になる可能性が大きいのではないか」という予想を中心に行動していました。そのせいで、実際にロシア軍が全面侵攻を始めた時にキーウへも向かってきているとわかると、キーウから急遽避難しなければならなくなった場合の移動手段についてほとんど検討していなかったために、いざとなった時の行動の選択肢が限られてしまっていました。

結局、私は、国鉄「ウクルザリズニツャ」のオンラインサイトで西へ向かう電車の切符を運良く購入できたので、そのことが大きな問題にはならなかったのですが、しかし、後から考えれば、事前に緊急時の移動手段と避難先の滞在場所の確保、避難する際に簡単に持ち出せるよう荷物のパッキングなどはしておくと良かったと思います。

全面侵略が始まる直前には、友人たちの間で、ロシア軍に占領された場合の備えとして、スマートフォンの各アプリのセキュリティ設定の変更や避難が必要になった場合に向けた情報の共有などが行われていました。ロシア兵が町に入ってきたら、一般人の思想を調べるために、スマホのメッセージのやりとりやソーシャルメディアでの投稿を確認するだろうから、その際に危険に陥らないようにするための事前のセキュリティ対策でした。実際にロシア兵は占領した自治体で住民のスマホを確認していることがわかっており、これは適切な対策だったと思います。

キーウで戦闘の様子や軍人を見る頻度はどれくらいですか?

キーウでの市街戦は全面侵略初期の最初の数日、ロシアの工作員が市内に侵入した際に発生しましたが、それが確認されたのは本当にごく初期だけでした。私がキーウを離れていた時は、キーウ市内のあちこちに検問所《けんもんじょ》が設置され、通過の度に持ち物チェックや尋問が行われ、スマートフォン内の写真の確認などが求められたそうです。私はその時期リヴィウでほぼずっとアパートに缶詰めで仕事をしていたので、リヴィウの街の雰囲気すら残念ながらほとんど見ることができませんでした。

ただし、軍人の姿は、全面侵略開始から2年半以上経った今でも、キーウの至るところで見かけます。2024年8月にハルキウを訪れたのですが、ハルキウの方がキーウより街中で軍人を見る機会は多かったです。現時点で「自警団」「武装した民間人」のような存在を見かけることはなく、皆正規の軍人です。

ところで、軍に入隊した人曰《いわ》く、ロシアが町に侵攻する危険がなくなってからしばらく時間が経った町では、町中で軍服を来て歩くと怖がる市民もいるから、指揮官から軍服を着たままでは通りを歩かないようにと勧告を受けるようになったという話も聞きました。これは、ある種の緊張感の薄れの事例だと思います。

なお、規制が緩和されたからかどうかは知りませんが、合法的手段で銃を取得する人は増えたようです。私の友人も結構な値段のするライフルをライセンス付きで購入していましたし、休みのたびに何かあった時のためにと銃の扱いの訓練を受けている友人も数人知っています。当初は、何かあった時の自衛のため、という思いもあったでしょうし、いずれ軍に入隊する時に向けた準備、という意味もあったのだと思います。銃の訓練をしていた友人の1人は、2023年秋に自発的に軍に入隊しました。

戦争下で娯楽のあり方は変わりましたか？

戒厳令下では大規模行事は基本的には禁止されており、例えば出店の並ぶような大型のフェスティバルの類《たぐい》は当初は開催されていませんでした。他方で、時間が経つにつれてこの禁止は形骸《けいがい》化してきており、小型のイベントはあちこちで開かれていますし、劇場や映画館も営業していますし、夏には娯楽プールも盛況です。2023年夏に前線近くのザポリッジャを訪れたのですが、ドニプロ川近くのプールは多くの人で賑わっていました。

外国のミュージシャンのコンサートはさすがにないですが、ウクライナのミュージシャンのコンサートやお笑い芸人のイベント（スタンダップコメディ）などはキーウではもう開かれています。ただし、その場合も、空襲警報があった時には中断して、避難するよう指示が出されます。

私は、2024年7月と8月にキーウ市内の大型ミュージックフェスへ行ってみましたが、1つは大型ショッピングモールが会場となっており、警報が鳴れば、すぐに地下駐車場へと避難できるよう、来客の動線が計算された上での開催となっていました。ただし、このフェスに何度も来たことがある人によれば、例年よりも来客数が少ないし、そもそも外国のミュージシャンを招待できないし、ウクライナのミュージシャンも国外に出てしまっている人が多く、フェス全体の質は下がってしまっているとのことでした。

なお、8月24、25日にキーウで開催された音楽フェス「ブレイヴ！」は全面侵略開始以降最大規模のものでしたが、フェス終了から数時間後の翌26日未明にはロシア軍がウクライナ全土に過去最大級のミサイル・無人機攻撃を行い、キーウ市内でも複数回の爆発音が聞こえました。そこからもウクライナの人々の体感している娯楽と戦争の距離感が想像できると思います。

ウクライナ全土で夜間外出禁止令が適用されているので、飲食店は平時よりは早く閉まりますが、それでも夜10時ぐらいまでは開いています。

海は、地雷・機雷の関係で当初は遊泳が禁止されていたのですが、これも徐々に解除が進み、行政府により安全が確認されたビーチから開放され、オデーサでは2023年も2024年も夏に海で泳いでいる人がたくさんいました。キーウ市内にはたくさんの湖があり、そこで泳ぐことには危険がないので、平時と変わらず多くの人が利用しています。

戒厳令下の国内旅行は西部のリヴィウやイヴァノ＝フランキウシクに人気があります。これは単に町の観光インフラが発展しているからというだけでなく、ロシアのミサイル攻

2024年8月24、25日にキーウ市内で開催された音楽フェス「ブレイヴ！」の様子

撃の頻度が低いことによる心理的安心感も理由だと思います。似た話では、西部のカルパチア山脈での登山、トレッキング、あるいはコテージでの休暇は以前より人気が出ているように思います。地理的にそこまでミサイルが飛んでくることはほぼないので。

戒厳令や夜間外出禁止令とは何ですか？

夜間外出禁止令は、戒厳令発令に伴い設けられたルールです。

まず、戒厳令について説明しますと、宣戦《せんせん》が布告されたり、軍事侵略が生じたり、戦争や侵攻の脅威が生じたりした場合に、ウクライナ全土あるいは一部の地域に発令される特別な国家統治体制のことです。ウクライナでの発令のプロセスは、国家安全保障国防会議（NSDC）が大統領に戒厳令導入の提案を提出し、大統領が戒厳令導入の大統領令を発出し、その後最高会議（国会）がその大統領令を確定することで発令されます。

戒厳令発令下では、国家への脅威の除去、国家の安全の確保のために必要な権限が国家機関、軍司令部、地方自治体に付与され、個人や法人の憲法《けんぽう》上の権利と自由が一時的に制限されます。夜間外出禁止令もその自由制限の一例です。夜間外出禁止令は、法執行機関が敵国工作員などの活動を摘発《てきはつ》しやすくするために導入されている、と説明されています。工作員が活動しがちな時間帯に一般人の移動を禁止すれば、その時間帯に移動している人を見つけた場合は、特に疑いをかけて取り締まることができます。

キーウでは、同市にロシア軍が接近していた2022年3月には、工作員取り締まりが厳しくなったために、20時から7時までの11時間が外出禁止となっていましたが、ロシア軍がキーウ周辺から撤退した4月後半には22時から5時までに緩和されました。適用時間は町ごとにその都度の治安状況によって変更されています。

現在キーウでは、24時から5時まで適用されています。基本的には皆24時までに帰宅していますし（タクシーも公共の交通機関もなくなります）、違反が頻発して問題になっているという話は聞きませんが、時には違反に該当する事例の話も聞きます。

例えば、電車によっては、外出禁止令の時間帯に出発・到着するものがあり、深夜発の電車に乗るために駅まで移動していたら治安機関に止められたが、状況を説明したら見逃してもらえたという話を聞いたことがありますし、他方で深夜に電車が到着したけど、朝まで市街地への移動が認められなかったという話もあります（反対に、朝まで待たなくてもタクシーで移動できた、という話も聞いたことがあります)。

私は、2024年8月に朝6時前の電車に乗らなくてはならず、どうしたら間に合うかなと思って色々な人に聞いたところ、4時半ぐらいにある会社のアプリでタクシーを注文すると、5時ぴったりか直後ぐらいに来てくれるというので、試してみたら、確かに4時半に注文が受理され、4時50分ぐらいからアプリ上の地図で自動車が動き出し、5時には私の自宅前に到着していました。厳密にはその10分間は禁止令への違反だと思うのですが、それぐらいは見逃されると思われているのかもしれません。

なお、違反には、700円から2000円程度の罰金刑、あるいは15日間の拘束罰が設定されているそうです。実際どの程度厳しく取り締まられているのかは私は知りません。おそらく自治体や治安状況によっても実態は異なると思います。

デモや政治的な集会、街頭演説は見かけますか?

基本的に、戒厳令下ではデモなどの大型行事の開催が禁止されているので、全面侵略が始まってからしばらくの間は激減していました。多分、開催の許可が下《お》りなかったのだと思います。

しかし、おそらく2023年から徐々に様々な集会が開かれるようになったと思います。2024年になってからは、キーウ市内で開催されたものを思い返すと、親族の動員解除を求めるもの、停電に反対するもの（これは誰に反対しているのかよくわかりませんでしたが……）、市軍行政府の予算を軍支援に割り当てることを求めるもの、キーウ市内の歴史ある建物の破壊に抗議するもの、米国に対して、提供された武器を使ったロシア領内の軍事目標攻撃の許可を求めるもの、マリウポリのアゾフスタリでロシア軍に投降した軍人がまだ解放されていないことに注意喚起を行うものを覚えています。

なお、戒厳令は解除されていないので、厳密には引き続き集会を含む大規模行事の開催は禁止されたままなのだと思いますが、実際にはキーウにおいて、集会もその他のイベントも開催が認められなかったという話は聞きません。数百人が参加する軍支援を目的とした長距離走大会、数千人が参加する音楽フェス、全国の出版会社が本の販売を行う書籍フェス、様々な珍しい食べ物や文化に触れられる文化フェス……といった様々な行事が開催されています。ただし、開催の際にはチケット購入時などに、空襲警報が鳴った場合にはイベントを中止することや、最寄りのシェルターの場所などの情報が提供されることが一般的です。

現在、ウクライナ上空で飛行機はどれくらい飛んでいますか？

戒厳令が発令された2022年2月24日以降、ウクライナ領内の少なくとも政府管理地域では、民間の飛行機は飛んでいません。私は技術的なことは全く詳しくなく、国境付近では再開の話も出ているのですが、空港自体がミサイルや自爆型無人機の攻撃の対象になりかねない状況下にある限り、そう簡単に再開はできないのではないかと思っています。

そのため、日本への移動は、まずポーランドやモルドバなどの隣国に移動し、そこから飛行機に乗って移動することになるため、キーウと外国の間の移動時間は格段に長くなりました。それは、首脳などの要人がキーウを訪れる時も例外ではなく、2023年春に岸《きし》田《だ》首相（当時）やバイデン米大統領がキーウを訪問した時も、陸路で電車に乗って何時間もかけてやってきたわけです。1分を惜しむ国の首脳が何時間も電車に揺られて移動するというのは、なかなか凄《すさ》まじいことだなあと思います。同時に、ウクライナの鉄道会社がそれだけ安定して、安全に運行できていることを示してきて、信頼を勝ち得ていることの表れでもありますね。

戦況についての最新情報はどれくらい知られていますか？

毎日、ウクライナ軍参謀本部が戦闘報告を、各地域の軍行政府がロシア軍からの攻撃による被害報告を出していますし、他にも米国の戦争研究所やウクライナ国内外の軍事専門家も日々戦況報告を書いており、それらの情報をウクライナの報道機関がニュースの形で伝えているため、社会には戦場に関する情報は十分行き渡っています。

戦闘の激しい地域（前線地域）や戦場に近い地域（前線隣接地域）では、自治体が住民向けに、避難手段について「〇日〇時に〇〇の場所から避難用バスが出発する」というような告知を出します。同時に、砲弾が頻繁に飛来するような前線隣接自治体、あるいは市街戦がすでに始まっている自治体であっても、慣れ親しんだ自分の家に残り続けようとする住民はいるため、ウクライナ政権側（例えば警察の避難支援グループ「白い天使（ビーリー・ヤンホル）」）は彼らの家を巡って避難するよう説得して回っています。

ウクライナと外国との移動は普通にできるのですか？

2022年2月24日に戒厳令とともに総動員令が発令されたため、ウクライナの18～60歳の男性は出国が原則として禁止されました。ただし、この禁止は、対象年齢以外の男性、身体に障害を抱えていることが証明されている男性や全年齢の女性は対象ではなく、彼らは自由な出国が可能です。さらには、軍人も出国禁止の対象外なので、公式な休暇の際には一定の条件の下で国外への渡航ができます（徴兵された私の友人は、休暇時にベルリンへビールを飲みに行っていました）。また、出国禁止対象の人でも、当局に国外滞在理由を示して許可が得られれば、期間限定で出国が認められます。例えば、ジャーナリストや研究者が国外の会議に招待された場合、ミュージシャンが国外でコンサートを開く場合、ＩＴ企業の人が国外の研修に参加する場合など、出国を可とする例外措置は幅広く認められています。他方で、その手続きを使って出国したまま帰国しない人も出ているため、出国許可を得るための手続きが次第に厳しくなっているとも聞きます。

また、兵役逃れのために、賄賂《わいろ》や検問地点以外の国境通過などの違法な手段を使って出国するケースもよく聞きます（なお、不法出国のために幅が広く流れの速い川を渡らないといけなかったりするため、渡り切れずに溺死《できし》した男性の話も少なくありません）。兵役逃れを支援する違法ビジネスまで出てきており、治安当局に摘発されたというニュースも時々聞きます。概して、人が望むことに政権が禁止を導入すると、違法ビジネスが誕生してしまうのは古今東西の常であるとは思います。一方で、愛国心から自ら志願して軍に入る人たちもいるわけで、国民の間には不平等感が否応なく生じてしまい、これがどこかで大きな衝突を生み出したりしないかと、私は少し心配しているのですが、今のところ社会で大きな軋《あつ》轢《れき》に発展している様子は見られません。ただし、不法な手段で出国した人と絶縁した、というような話は聞きます。

外国籍者の出入国には特別な制限はありません。外国人は基本的に自由に出入国可能です。

ロシアが実効支配するドンバス地域や戦争中のロシア本国とも、荷物や人の移動はありますか？

ロシアに占領されている地域へは、ウクライナの国営・民間の郵便サービスがアクセスできないために、ウクライナ国内や日本からの郵便物は基本的に送れません。厳密には、ロシアへ一度送ってから、さらにロシアの郵便サービスを利用して被占領地に送るという手段はあるかもしれませんが、占領政権のサービスを利用することはロシアの不当な侵略とウクライナ領占領を認める行為に該当するため、推奨されません。日本の郵便局はその地域への発送を受け付けていません。

人の行き来については、２０１４年から占領が続いているクリミアとドンバス地方一部地域では、全面侵略が始まるまでは検問地点が設置されていて、治安面などの問題がなければ、一定の手続きを経て移動することができていました（検問地点以外のところは、公式には通れませんでしたが、非公式に野道や裏ルートのようなところを地元住民が通っていたケースは確認されていますし、その場合に地雷で死傷する人が出ていました）。

検問地点にはウクライナ側とロシア側があり、私の知り合いにも、クリミアとキーウ、ルハンシクとキーウの間を定期的に往復している方は複数いました。例えば、大学はキーウの大学に通い、夏休みには実家のあるクリミアやルハンシクへ帰省する、というような生活をしていた方を複数人知っていますし、もっと頻繁に、2週間ごとに被占領地とウクライナ政府管理地域の間を移動していた人もいました。

2022年2月まで被占領下クリミアに暮らし続けていた人は、やむを得ずロシア国籍を取得して、ウクライナとロシアの国籍証明書を両方保有し、それを用いて移動していました。越境の際には、ウクライナ政権側とロシア占領政権側の間の行政境界線上の通過検問地点を通り、それぞれが要求する書類の提出をしていました。クリミアと大陸側ウクライナの間では、一時期は双方向合計で1日数千人の移動がありました。

ただし、全面侵略が始まってからは、それまでの検問地点は利用できなくなっていますし、住民の避難のためにウクライナ軍側とロシア軍側で暫定《ざんてい》的に設置された新たな検問地

全面侵略前の東部ルハンシク州スタニツャ・ルハンシカのウクライナ側通過検問地点の行列（全面侵略開始以降、同地点はロシアに占領されている）

点も当初は見られましたが、２０２４年夏の時点では、どの衝突ラインも通過はできなくなっています。ロシア占領地からウクライナ政府管理地域への移動は、衝突ラインを通らず、ロシア領を通ってスーミ州で唯一開けられている国境検問地点を通るか、第三国に出国してからウクライナへ戻ってくるかしなければなりません。

戦場やロシア占領地域からの避難民の方はどんな生活をしていますか？

国外に難民として避難した人の他に、ウクライナ国内のより安全な地域に避難した国内避難民（ＩＤＰ）がおり、彼らに対してはウクライナ政府が支援を提供しています。２０２４年5月の時点で、政府は成人の国内避難民には毎月２０００フリヴニャ（約７０００円）、児童には毎月３０００フリヴニャ（約1万円）の現金支給をしています。

国内避難民の中で一部のカテゴリーの人には、安全な地域にある無料住居が提供されています。そのカテゴリーに当てはまるのは、子供がいる家族、妊婦、就労能力のない人、年金生活者です。また、政府の他にも、ボランティア団体が住居、衣服、医薬品・医療・

司法など多方面での支援を提供しています。このような国内避難民へのボランティア支援は、元々は2014年に最初の侵略が始まって以降に見られたものです。今は国内避難民の数が当時よりはるかに多くなっているので、ボランティア活動の規模も比例して増大しています。

ボランティアの方々による支援の中で、日本の方がすぐに思いつきにくいかもしれないものが「司法支援」だと思います。最前線地域から避難してきた人の中には着の身着のままで、各種証明書など必要な書類を失っている方も少なくなく、それにより支援の受け取りに問題を抱えていたりします。その際の書類の再発行や各種支援の受け取り、避難先での子供の幼稚園探し、学業の再開といった場面で、ボランティア団体の専門家が避難民に司法面でのアドバイスや支援を行っています。

国内避難民の状況は様々で、避難によって大変な困難を抱えている人もいれば、避難先で元の仕事を継続していたり、新たに仕事を見つけたり、自分のお店を開く人もいます。キーウでは、南部ヘルソンからキーウへ避難してきた夫婦がカフェを開いたり、南部ベルジャンシクで経営していたバーのスタッフが皆で移動して営業を再開したり、ロシア軍に徹底的に破壊されたマリウポリから避難してきた人がドネルケバブ屋チェーンを始めていたりします。

日本でも販売を始めた可愛い靴下のブランド「ドードーソックス」は、東部ルビージュネに製造工場を持っていましたが、工場はロシアの占領時に破壊されており、同社は製造拠点を移動させています。ヴォウチャンシクは2022年春にロシア軍に一度占領され、同年秋に解放され、2024年5月からまた攻勢を受けている町で、同市はウクライナの人気のクラフトビール「テン・メン」の本拠地でしたが、ロシア軍の侵攻を受けて別の町へと拠点を移動させました。占領時のロシア軍による住民の虐殺で知られるキーウ州ブチャからは、植物素材のシャンプーや石鹸、コスメを作る会社「ヴェスナ」がリヴィウ州へと拠点を移しました。

このような、人の移動に伴うビジネスの拠点の移動事例は多く見られます。なお、同様の動きは2014年以降にも見られたもので、当時ロシア軍に占領されたクリミアから避難した人たちがキーウでクリミア料理屋の「ムサフィル」や「ソフラ」を開いて、今ではキーウっ子の間で人気店となっています。なお、彼らが必要としているのは無料住居や食べ物の提供ではないのは明白で、彼らの避難先での経済活動を応援すること、彼らの飲食店を訪れたり、彼らの商品を購入して使ってみてあげたりすることが大切だと思います。

避難民の受け入れに伴うトラブルはありませんか？

国内避難民とのトラブルは、２０１４〜２０１５年のロシアの最初の侵略の頃には時々聞かれました。当時も１００万人以上が国内避難民となり、南部クリミアや東部ドネツィク・ルハンシク両州からウクライナの他の地域へ人々が避難しました。

ウクライナは、面積は日本の1.6倍あり、面積では（ロシアを除けば）欧州最大の国で、国内の地域ごとに様々な特徴があり、住民のメンタリティや風習にも違いが見られます。同時に、最近でこそ国内旅行が盛んになってきていますが、２０１４年頃はまだ国内旅行も国外旅行もそれほど人気ではなく、国内旅行と言えば、夏には海のあるクリミアかオデーサ、山のあるカルパチア山脈、あるいは首都のキーウか旧市街の美しいリヴィウが主な観光地で、「クリミア、オデーサ、リヴィウへは何度も旅行したことがあるけど、ハルキウやザポリッジャには一度も訪れたことがない」という話がよく聞かれました。そのため、ウクライナ国民の間で地方間の対話が今ほど活発に行われておらず、しばしば他地域の人について偏見のある見方すら聞かれました（日本でも他地域の住民に関する偏見の話は時々聞かれますよね)。

そのような状況下で、急に習慣や行動、さらには日常的に使う言語も違う多くの人が異なる地域から避難してきたため、一部で住民と避難民の間に摩擦《まさつ》が生じ、残念ながら避難民に対する差別的な出来事も確認されていました。私が覚えている避難民トラブルに関する一番悲しい話は、ドネツィク・ルハンシク両州出身者が出身地だけで分離主義者かもしれないと疑われて、大家にアパートを貸してもらえない、という差別を受けた事例です。他には、避難してきた人たちがウクライナ語を使って生活しようとしたら、現地の人に「訛《なま》りがある」「あなたのウクライナ語はどこか不自然だ」などと頻繁に指摘されて、ウクライナ語を使うことに抵抗感を抱くようになったという話も時々聞きました。

これが2014年のロシアの最初の侵略という悲劇によって始まった、ウクライナの人々の大きな移動の始まりでした。それから8年間、様々な軋轢、避難民支援、対話と相互理解の努力が重ねられてきたところで、2022年になってロシアによるさらなる全面侵略が始まったわけです。

これによりウクライナの国内避難民の数は圧倒的に増えました。今度は、侵略を受けた場所も2014~2015年当時とは桁違いに広く、また電撃的な侵攻だったことから、慌《あわ》てて逃げ出さなければならない人も多く、人の移動の規模、避難する人の多様性が格段に増しました。同時に、今回は、ウクライナの人々に避難民との対話や支援についてのノウハウが8年間で確実に定着していると思える事例があちこちで見られました。

まず、受け入れ地域側の人たちの間に避難民支援の経験がしっかり根付いていて、辛《つら》い思いで逃げてきた避難民をどのように出迎えるべきかについて細心の注意が払われていたと聞きます。言語についても、出迎えるボランティアの人々が「ロシア語でもウクライナ語でも良いですよ」と避難してきた人に伝えて安心させようとしていたという話を聞きました。

8年前と違い、ウクライナ全土の人々が被害者となり、避難民となり、国全体の危機、国家存亡の危機だという理解が共有されたことで、それまでに積み上げられた経験に加えて、助け合いの精神も以前より広まったのだと思います。私も、2月25日にキーウからリヴィウまで避難しましたが、電車の中で同じように避難する人たちと励《はげ》まし合いながら移動しました。

もちろん、今でも国内避難民と現地住民の間のトラブルは、探せばどこにでもあると思います。そして、それは国外に避難したウクライナ難民と現地住民の間でも同様のことが言えるでしょう。しかし、国内に関しては、２０１４年当初のようなウクライナ国民間の相互理解の不足や偏見が原因で生じるトラブルについて聞く機会は格段に減っていると感じています。

ウクライナに住む外国人として、戦時の外国人に対する温度感の変化を感じることはありますか？

正直なところ、全然ない気がします。過去2年半、特に周りから警戒されているような感じはありません。

全面侵略が始まった時には、多くの在留外国人が国外に避難したので、私のようにウクライナに留まり続けた外国人に対しては、むしろ残ってくれたことについて感謝の言葉が述べられることはありました。しかし、それも最初の頃だけの現象で、今では一度国外に出た外国人でウクライナへ戻ってきた人も少なくなく、外国人の滞在自体は大して珍しくないため、滞在だけで感謝されることはありません。アジア人だからと差別を受けるようなことは、全面侵略の前も後もほぼありません。

強いて言えば、私は全面侵略期も以前同様毎日カメラを首から提《さ》げて町中を歩いているのですが、2022年前半には、町中で写真を撮っていたら、近くの人に写真を撮ってはいけないと怒鳴られたことが2回ありました。撮ってはいけないものは何も撮っていなかったのですが、外国人が町中でパシャパシャ写真を撮っている様子をその方が不審に思い、また戦時下の極度の不安で感情的に反応したのではないかと思っています。しかし、今も私はカメラとともに毎日出歩いていますが、そういう風に怒鳴られることはもう全然ありません。

ウクライナに来た外国人が、戦地のイメージと現実の違いに驚く点はありますか？

その方がどれぐらいの情報収集を普段行っているかによって驚きの程度は違うと思いますし、私には今の状況が日常になってしまっており、自分ではもう驚くことができないため、外国から来られた方々の話を総合した想像の話しかできませんが、キーウに数日滞在するだけであれば、大小の差はあれど「極めて日常的」な風景に驚きを覚えるのじゃないかと思います。頻繁に生じる計画停電や町中に置かれている発電機といった目立った要素以外では、現時点のキーウで、積極的に戦争らしさを感じる体験を求めるのではなく、単に町中を歩いて短期滞在するだけであれば「侵略を受けている国の首都」という印象は、理解こそできても、深く体感することは難しいかもしれません。

これまでに書いたように、それだけ現在キーウの風景の中で戦争を感じる要素は限定されています。もちろんそれは、侵略戦争が存在しないことは意味せず、町中の軍人の数の多さや市民に対する禁止事項は当然あります。さらに、ミサイルや自爆型無人機の攻撃を受ければ、「一見すると平和な」状況は一変しますし、ロシアがいつまた大規模な攻撃をしてくるかを予想することは一般人にはほぼ不可能です。

同時に私は、全面侵略が長期化する中で、戦争の影響は、目に見える要素よりも、人の頭の中、心の中への蝕《むしば》みの方が大きくなっていると感じています。いつ終わるかわからない侵略、領土を取り返せないかもしれない不安、停戦・終戦後にも残り続けるロシアによる再侵攻の可能性、それによる将来設計（居住地、子育て・就学、キャリア／ビジネス設計など）の困難、経済低迷や人口減からくるウクライナの未来への懸念。こういうことは、短期滞在で町を歩くだけでは気付きにくい、可視化されない、侵略戦争を受けている国の人々の心の中に確実に生じている重要な負の側面です。

例えば、カフェやレストランで楽しく食事をする恋人たち、公園で犬の散歩をする人、デパートで買い物する家族連れは、一見するだけなら、楽しく平和な生活を過ごしているように見えるかもしれません。しかし、彼らは頭の中に、恋人が軍に入る不安、子供の安全への不安、国の未来への不安など、今後数か月数年先の人生を全く見通せないという悩みを間違いなく抱えています。私は、それがウクライナの現時点での「戦争」の最も重大なイメージだと思いますし、今外国からウクライナを訪れる方々には、ぜひその人々の心の中まで「見て」もらいたいです。

いまキーウにいる外国人はどんな人が多いですか？

正直なところ、どのような外国人がキーウに滞在しているのかを知る手段は私にはないので、自分のごく限られた経験からのかなり大雑把《おおざっぱ》な推測しか書けません。

全面侵略開始後の2、3か月に、キーウに滞在していた外国人は主に記者だったと思います。西部のリヴィウにも記者は多かったですし、ボランティア目的で入ってきていた外国人もいくらかいただろうと思いますが、私は自分の仕事に忙殺されていたので、町の状況は全然見られませんでした。

2022年4月以降、キーウの情勢が安定してからは、各国大使館の外交官もキーウへ戻ってきましたし、日本大使館の人たちも2022年10月から戻ってきていました。その頃には元々キーウで生活していた外国人も次第に戻り始めました。それに伴い外国人経営者の飲食店（インド料理屋とかベトナム料理屋とか）の営業も再開されますが、店によっては料理人が帰ってこなかった場合もどうやらあるようで、それまで本格的な料理ばかりだったお店のメニューの中に、急に似非アジア料理が追加されるようになったり、味ががくんと落ちたりしているお店もいくつかあります。

また、ビジネス目的の外国人も徐々に戻ってきています。2024年に入ってからは、日本のビジネス関係者が戻り始めたり、新規進出のためにキーウへの訪問を始めています。観光客もキーウが安全になった頃から少しずつ見られるようになったような印象はありますが、誰が観光客で誰がそうでないのかを見極めることは難しいです。

生活の中で外国からの人道支援を感じることはありますか？

キーウで私が生活している範囲内では、物理的には感じることはあまりないです。

全面戦争が始まった直後は、戦地から避難してきた人々が到着する町の駅の近くに支援団体のテントが立っていました。また、2022年から2023年の秋冬にかけてロシア軍がミサイル・無人機で電力インフラを攻撃した時に、ウクライナ全土で停電（計画停電や緊急停電）が生じましたが、当時の発電・変圧設備のような支援は、今でも停電時間の短縮に繋がっていると思います。

人道支援は、ロシア軍の侵略の被害を直接かつ頻繁に受ける地域や、ウクライナ軍によって解放された直後で生活インフラの回復していない地域を中心に配布されていると思うので、私の活動拠点のキーウでは現在ほとんど見かけません。私の知り合いで砲撃の盛んな前線地域で暮らし続けている人はほとんどいないので、前線で暮らす方々が人道支援を受け取っているという話は報道や国連機関で働く人、ボランティア活動をしている人の話を通じて間接的に聞いているだけです。前線付近で暮らす方にとっては、そのような人道支援の存在が死活的に重要だと聞きます。

他には避難民にとっても人道支援が非常に重要なのは間違いないのですし、国連は2024年9月の時点で、1500万人以上のウクライナ人が人道支援を必要としていると評価しています。しかし、同時に私はもしかしたら人道支援より軍事支援の方が裨益を実感する人が多いかもしれないと思っています。

軍事支援とは、戦況の行方に直接的に影響を与え、戦場でウクライナを有利にしたり、ロシアのミサイル攻撃を防空システムで防いだりする支援です。そして、ウクライナの人たちは多くが軍に入隊していますし、それ以外の大半の人も、身近な人、知り合いの誰かしらが軍に入っているので、戦況を改善するということはすなわち、ロシアの侵略を止める、被占領地を減らす、軍役にある自分自身や自分の知り合いの命を救う支援となります。また、欧米諸国から様々な防空システムが供与されるようになってからは、ロシア軍によるミサイルや自爆型無人機の着弾の頻度が激減しました。これはつまり、民間人が死ぬことやインフラが破壊されることが少なくなり、生活における安心がとても大きくなったこと、ロシア軍に殺される危険が小さくなったことを意味します。

私の場合は、人道支援から裨益していることを感じる機会はほとんどなかったですが、ロシア軍が発射するミサイルが防空システムに撃墜される音は今でも時々聞いています。当初は撃墜できなかったミサイルや無人機が撃墜できるようになると、外国からの軍事支援によって人々の命と日常が確実に守られているな、という感覚を覚えます。ただこれは、個々が置かれている状況によって、感じ方は大きく変わるだろうなとも思います。

徴兵に対しての反応はどうですか？

2022年2月24日の戒厳令発令とともに総動員が始まっていますが、徴兵逃れはその時から常に一定程度見られたもので、ある時期に目立ってその割合が増えたという印象はありません。

動員・徴兵はずっと続いているのですが、その実施規模には一定の波があるようで、徴兵される人が特に多いように感じる時期と、あまり事例が聞かれない時期があります（徴兵数は公表されないので、実際のところはわかりませんが）。また、自治体によっても傾向が違うので、ウクライナ全体の徴兵状況を一般化することも難しいです。そして、徴兵の波が大きい時には、自ずと徴兵逃れの話題が多くなりますし、国外に違法な手段で脱出しようとした男性が集団で摘発されたり、国境の川を泳いで渡ろうとして渡り切れず溺死したり、町中で一般人と当局者が小競り合いを起こしたり、というニュースが増えます。

２０２４年6月にウクライナのラズムコウ・センターが実施した世論調査では、徴兵逃れを恥だと思わない人が回答者の46％、恥だと思う人が29％という結果が出ていました。総動員を解除すべきという意見が大きくなったという話は聞きませんが、同時にこの世論調査結果は、徴兵から逃れようとする人に対して社会の約半数がある程度理解している（同時に約3割は批判的に見ている）ということを示す数字でもあります。私の知り合いの男性の間でも、動員・徴兵に対しては（それほど積極的に話す話題ではないですが）、召集されたら覚悟を決めて入隊するという人から、召集は死刑宣告と同義だと思うという人、できるだけ逃れようと思うという人まで、見方は全く様々です。

このように動員・徴兵は、侵略を受けるウクライナの複雑な世論を示す特徴的な議題だと思います。

身の周りの人はどれくらいの割合で徴兵されたり志願兵になったりしていますか？

これは難しいところで、多分自治体によっても違うでしょうし、個人の交友関係の広さやタイプによっても大きく違ってくると思いますし、時間の経過によっても当然変化しています。今のところ各家族に1人というほどではないですが、誰でも自分の友人・知り合いの間で少なくとも1人は何かしらの形で入隊しているとは言えるのではないかなと思います。

2023年6月時点で発表されたキーウ国際社会学研究所が行った世論調査によれば、78%のウクライナ国民がロシアの全面侵略によって負傷または死亡した親族あるいは友人がいると答えています。そのため、多くの人にとって、戦争による犠牲《ぎせい》は、すぐ隣とは言わないまでも、全く遠くの話ではない、かなり身近な存在、というぐらいは形容できると思います。

2023〜2024年に私の知り合いも数人新たに入隊しています。その内1人が徴兵で、残りは志願でした。2024年春に改正動員法が施行された頃はさらに動員・徴兵が活発に行われたようで、特に5、6月頃に新たに入隊したという報告をソーシャルメディアで多く見かけました。

戦場での娯楽にはどんなものがありますか？

軍人の多くは全面侵略が始まる前は民間人だった、ということから想像すれば、娯楽のあり方はもう本当に人それぞれだということがすぐわかると思います。

前線の多くの陣地では衛星を使ってインターネット接続を提供するサービス「スターリンク」が届いており、発電機も配備されているところが多いらしいので、休憩時間は、スマホで動画を見たり、ゲームをしたり、家族・友人・恋人と話したりしているという話を聞いたことがあります。私の戦死した友人は、戦闘任務がない時はユーチューブで歴史特集動画を見るのが好きだと言っていましたし、他の友人は、チェスが大好きで、休み時間は部隊内の同僚とチェスをよくしているし、時には詩を書くこともあると話していました。大学の教師だった方は、入隊してからも、休憩時間を使ってオンラインで学生のために授業をしているという話もありました。部隊の仲間同士で政治や戦況に関して議論するという人もいます。

もちろん、多くの人にとって、家族や恋人と話をするのは日課だと聞きます。

一般人が軍に入るにはどんなプロセスがありますか？

ウクライナ国民には、自ら志願した場合でも徴兵された場合でも、部隊への配属前に1、2か月の訓練期間が設けられています。基本的訓練内容は、誰もができなければいけない基本的な内容だと聞いていますが、塹壕《ざんごう》を掘れるようになる、自動小銃を扱えるようになる以外のことは私は知りません。

ウクライナ国外で欧米諸国もウクライナの新兵のための訓練を実施していますが、当然ながら新兵全員が外国で訓練を受けられるわけではないです。外国訓練に参加できる基準は公開されていないのでよくわかりませんが、イギリスで訓練できた友人は「自分は英語が得意だったから参加できた」と言っていましたし、他の友人は書類手続きの不備で入隊のタイミングが数日ずれたことで外国訓練チームから漏《も》れてしまったと話していました。

ともあれ、欧米による訓練実施はウクライナ新兵の生存率を高める重要な支援です。

志願で入隊する場合は所属部隊の選択が認められることが多く（必ずではなく、例外もあるそうです）、自らが自分の能力や希望を考慮して配属先を選択しています。最近は、国防省や内務省がウクライナの民間企業と協力して、一般の求人サイトに軍や準軍事組織のポストの求人情報を掲載しています。私の友人で志願した人たちも大体皆望んだ部隊に入っています。

2024年の春に入隊した友人は、志願の前に念入りに情報を集めて、希望する部隊にピンポイントで入るためのタイミングを狙って入隊しましたが、入ってからは「このチームに入れて本当に良かった。話のわかる指揮官だし、良いメンバーばかりだし、チームも私が入ったことを喜んでくれている」と話していました。IT業界で働いていた別の友人も、入隊してからは軍の中のIT関係の仕事に就いています。

また、志願ではなく徴兵された友人も、「入隊前日は恐怖で一杯だったけれど、入隊して、訓練を2か月こなしてから、自分の経歴を活かした部隊に入らせてもらうことができた。そこはウクライナ軍がロシア軍と違う点で、誰でも彼でも前線に送り込んで無駄死にさせるようなめちゃくちゃな扱い方はしていない。軍内のシステムはある程度は洗練されていると感じている」と話していました。

他方で、徴兵されてからすぐに激戦の最前線に送られて、経験不足ですぐに戦死してしまった新兵の話も聞きます。当然侵略されているからこその戦場の残酷なニーズがあるのでしょうし、会社で新入社員を皆時間をかけて懇切《こんせつ》丁寧に育てるというようなことができない現実もあると思います。ただし、私は、その中でも、ある程度入隊環境に満足を感じているという友人たちの話に少し安堵《あんど》を覚えています（不満について聞く時も当然ありますが）。

ちなみに、私が把握している限り、外国人志願兵がウクライナ軍に入隊する際の最低限の条件は、過去に軍人としての訓練を一通り受けていることと、軍役に必要となる十分な英語の運用能力があることです。この条件が満たされていないために入隊が認められなかった人の割合はかなりの程度だと聞いています（日本国籍の方の中にも、入隊を希望したけど英語能力が不十分で入隊を断られた方がいます）。

他方で、報道で見る限りの情報では、軍事経験のない方が入隊できたという話も時々聞きます。おそらく何かしらの理由で例外的に入隊が認められたのだと思いますが、どういう条件でそういう方が受け入れられたのかについては、私にはわかりません。訓練経験のある方の配属は非常に様々ですが、経験のない方の情報は非常に少なく、一般化できるだけの情報が私にはありません。

戦時には警察の取り締まりが厳しくなりますか?

全面侵略開始当初のキーウでは町のあちこちに検問所が設置され、通行する人は身分証明書や荷物の検査やスマホで撮った写真の提示などが求められましたが、ロシアが近郊から撤退してからは、市内の検問所は基本的に撤去されています。その後、キーウ市内で一般人に対する警察の取り締まりが平時に比べて特に厳しいと感じるような出来事は今のところありません。

例えば、私は昔からの習慣で出かける時は毎日カメラを首から提げて市内を歩いているのですが、その私もキーウの通りで治安機関に声をかけられて身分証明書などの提示を求められたことは一度もありません。ただし、前線に近い自治体に滞在していた時に町中の写真を撮っていたら、私服警官に声をかけられて、何を撮ったかを見せるように求められたことはあります。

戒厳令下では撮影が禁止されている施設がありますし、スパイ行為をしている人物の摘発を目的とした活動は日常的に行われているだろうとは思います。ただし、現在ではその活動を一般人がとりわけ目立って感じるというような状況ではなくなっていると思います。他方で、ロシア軍が再びキーウへ向けて進軍してきたり、町が包囲されるような危険が生じたりすれば、また状況が変わると思います。

国や地方自治体のサービスは平時と変わりませんか？

全面侵略開始直後のことは詳しく把握できていませんが、現在は占領されていないところであれば、全く問題なく機能しています。通常のサービスに関しては、特に平時との大きな違いは感じません。私は毎年、ウクライナで労働許可証や滞在許可証の更新手続きをしていますが、2022年以降も、以前と同じように手続きができています。

ただし、ロシア軍が全面侵略を始めて以降ウクライナの電力インフラ施設を執拗《しつよう》に攻撃しているため、2022〜2023年の冬季には各地で電力不足になり、計画停電が導入されましたし、2024年の春以降もさらなる攻撃によって一層停電の危機が高まっています。鉄道の運行は、危険地からの避難列車というのが設置されていたり、臨時スケジュールが組まれたりするなど、平時とは異なる部分が見られますが、運行そのものは（政府管理地域に限定すれば）停止されずに続いています。

そういえば、全面侵略開始直後、人々が慌てて自分の住んでいるところを離れた時には、公共料金の支払いを忘れる人が続出したようで、公共企業から「私たちは侵略を受ける中でも働いています。今公共料金をきちんと払ってくれることが、国を支えることになります」というメッセージが届いていたのを思い出しました。考えれば当たり前のことですが、国や自治体の各種サービスや電力インフラが機能し、鉄道が走り続けてはじめて、ウクライナが自衛戦争を戦うことができるわけですから、全面侵略が始まっても各種公共サービスが止まることのないよう、毎日働き続けていたこの分野のウクライナ国民も、間違いなく国を守っている英雄だなと思います。なお、鉄道や電力会社の職員の中にも、職務遂行中にロシア軍の攻撃を受けて亡くなった人が多くいます。

街中でウクライナ政府のスローガンやプロパガンダを目にすることはありますか？

ないと言ったら嘘になるだろうと思いますし、士気高揚のような国民の団結を呼びかけるポスターは時々はある気がするんですが、率直に言えば、町中でそれが特に目立っているという印象は私にはありません。

この回答を書き始めてからキーウ市内を注意しながら見て回っているのですが、軍や準軍事組織への勧誘以外には特にそれらしいものは1つも見かけませんでした。単なるスローガンで、団結を呼びかけるような路上ポスターはほとんどない気がしますが、他方で、軍や準軍事組織への入隊勧誘広告は多いです。それもそれぞれの部隊がやる気のある新兵を求めて競争している状態で、各部隊が凝った入隊呼びかけ広告を出しています。

最近少し目についた広告は、大きく「自分らしくあれ」と書かれていて、何だろうと思って注意を向けたら、その下に小さく「自分の部隊を選べ」と続けて書いてありました。「我が部隊は2か月間の訓練を保証する」という宣伝もありましたが、それは部隊によっては訓練期間が短いことを意味してしまうな……と苦笑させられました。どの部隊も慢性的《まんせい》な資金不足なのですが、有名な部隊、人気の部隊にこそ募金が多く入ってきており、広告用に回せるほど資金が潤沢なのか、立派な広告を出せているような気がします。ともあれ、それ以外の戦争関係の広告は私の行動範囲内では見かけません。

ところで、軍の最高司令官でもあるゼレンシキー大統領の肖像写真も、街中で見かけたことは一度もありませんが（キーウに限らず、どの町を訪れた時も見たことがありません）、これも戦争をする国ではもしかしたら珍しいことかも？　と思っています。これはウクライナに個人崇拝《すうはい》的な文化があまりないことが背景にあるのだと思います。

「夏、FPV、第3強襲」と書かれた入隊呼びかけ看板。FPVとは、操縦者自身が搭載されたカメラの視点でリアルタイムで操縦できるFPV無人航空機（ドローン）のこと。

ウクライナ国内でロシアのプロパガンダを見かけることはありますか？

ロシアのプロパガンダがウクライナの情報空間に入り込まないようにする努力は、20

14年から行われてきたもので、キーウの路上を歩いていて見かけることはありません。他方で、オンラインであれば、見ようと思えばいくらでも見られます。スプートニクやRTのようなロシア政府系のプロパガンダサイトへは、ウクライナからは通常はアクセスできませんが、VPNを使って見ることはできますし、アプリ「テレグラム」を使えば、ロシアが発信している情報が今でもダダ漏れです。

また、ソーシャルメディアをはじめ、ロシアが発信するプロパガンダを色々な人が意識的・無意識的に拡散していることも少なくないので、そういう間接的拡散の形態で広まったプロパガンダナラティブに接触する機会は絶えずあります。外国の聴衆を対象にしたプロパガンダもあれば、「ハルキウにロシア軍が攻め込んでくる」「ハルキウは全面停電になる」のような特定の地域のウクライナ住民を恐怖・混乱に陥れるような、対象を限定したプロパガンダもあります。

プロパガンダへの対応は、まず疑わしい点に気付いた上で事実確認を行うことが必要です。何かしら、特に特別刺激の強い情報は要注意で、ソーシャルメディア上で慌てて拡散するのではなく、きちんと真偽を調べることが大切です（私も時々失敗するので自省しつつ書いています）。大きな恐怖や歓喜を引き起こすような内容の情報は、受け手が精査する前に広めてしまいがちですし、思想上の特定の傾向を持つ人の間で広まりやすい情報もあります。

少なくとも、戦時下は、国家が意図的にプロパガンダ発信を行いやすい状況だということを理解した上で、全てを鵜呑みにするのでなく、また全てを等しく疑うだけ疑って放置するのでもなく（疑っても、真偽確認をしなければ、鵜呑みと同じで危険な場合が少なくありません）、丁寧に情報を確認することで、誰がどういう時にどんな偽情報・プロパガンダを流しているかを理解する努力が重要だと思います。

戦争に関するSNS投稿はどんな内容が多いですか？

全面侵略が始まって、多くのウクライナ国民が軍や（内務省傘下の国家警護隊などの）準軍事組織に入隊しましたが、人々の関心が戦争の推移のみに集中していた全面侵略最初の数か月は、彼らは英雄として扱われ、ソーシャルメディアで彼らのフォロワーが急増し、彼らの投稿するメッセージや写真や動画は多大な注目を集めました。また、軍人に限らず、国際社会に向けてウクライナ人の物の見方を伝えないといけないと考えた国民が新たにたくさんツイッター（現在のX）やTikTokなどで活発に投稿を始めましたし、英語をはじめ外国語で戦争に関する情報を投稿する人がかなり増えました。

これにより、ウクライナのソーシャルメディア界隈は大きく活性化し、情報空間の雰囲気も一変したと思いますし、それに伴い、これまで有名でなかった人が新たに「インフルエンサー」として注目されるなど、社会における人々の「知名度」に大きな変動が生じました。軍人や軍を支えるボランティア（実に色々なボランティア団体がありますが、例えば、危険のある中で衛生兵さながらに、軍人の前線からの離脱支援や応急処置を行うボランティア集団のような存在は特に人気を集めています）は当初圧倒的な注目や尊敬を集めましたが、戦闘がキーウやハルキウといった大都市から離れるにつれて、全面侵攻当初ほどの注目を維持している軍人・ボランティアのアカウントは大きく減っており、軍人の中には、しばらくして投稿を止めた人もいます。また残念なことに、戦死により投稿が止まったアカウントも少なくありません。

軍人の投稿内容も、完全に人それぞれとしか言いようがないです。あえて思い出してみると、様々な社会の出来事に関する自分の意見や、自分の兵役時の体験、車両、偵察《ていさつ》用無人機、電子戦機器、同僚の治療のための募金のお願い、動員・徴兵に対する考え方、ジョーク、戦死した仲間の思い出、ロシアに対する深い憎悪などでしょうか。

　彼らも同じ人間で、話しかけたら返事をしてくれることもありますし、私が普段ウクライナ語で書いている投稿にライクしたりコメントをくれたりすることもあります。そういうやりとりがきっかけで直接会ってご飯を食べて仲良くなった軍人の方もいます。ボランティアの人は、日常的な投稿の他には、活動の紹介や募金の呼びかけが多いように思います。

　補足ながら、ウクライナでは、国や国際機関が行う募金は全然人気がなく、軍への車両や無人機の補充を行う「カム・バック・アライブ」や、先述の軍への医療支援を行う「ホスピタリイェリ」といったボランティア団体への募金、あるいは各人が信頼している個人や、友人の所属する部隊で不足している物を購入するために行っている募金などが人気です。

戦争や軍、政治家などをモチーフとしたキャラクターやグッズは見られますか？

ゼレンシキーのぬいぐるみみたいなのは、全然ないですね。ゼレンシキー・カレンダーもないです。ウクライナでは、政治家というのは罵《ののし》られたり嫌われたりすることはあっても、崇《あが》めるような対象には滅多にならないので、そういう大統領崇拝的な商品はウクライナでは流行らないだろうと思いますし、作ろうと考える人もそうそう現れないんじゃないかと思います。そのあたり、ロシアと決定的に違うところですね。

ゼレンシキーの看板やポスターみたいなのもよく考えたら皆無です。日本で当初思われていたほど、ゼレンシキーは英雄視されているわけでなく、(今までゼレンシキーを批判していた人が)「全面侵略下で命の危険があるにもかかわらず、キーウに残って私たちと同じ方向を向いて仕事をしてくれているのなら、私たちもひとまず一致団結して、ゼレンシキーのこともきちんと支えてやらないとな」ぐらいの支持だったと思っています。

ただし、例外的に全面侵略開始の早い段階でキーウを訪れたイギリスのジョンソン元首相は、当時ウクライナで大人気で、彼をモチーフにした「ジョンソニュク」という名のアヒル人形が作られたりしていました。

ウクライナ軍をテーマにしたグッズは、Tシャツやマグネットなどをよく見かけます。ハイマースやジャベリンといった兵器をモチーフにしたTシャツや、ロシア黒海艦隊の旗艦「モスクワ」の撃沈をテーマにしたマグネットなどが一時話題になりました。また、戦争をテーマにした歌も色々あります。祖国への愛、戦争で大事な人を失った悲しみ、ロシアに対する深い憎しみ、無人機「バイラクタル」を愛《め》でる曲などが作られています。

戦時下の世相を反映したＩＴサービスはありますか？

ウクライナはＩＴ大国として知られており、優れたプログラマーを多く輩出しています。また政府も民間企業も様々なサービス、プロセスのデジタル化の必要性を理解し、多くの画期的なサービス、アプリが開発され、利用されています。コロナ禍でのワクチン接種証明アプリも、ウクライナでは日本より数か月早く運用が始まりました（ウクライナは2021年7月、日本は2021年12月）。

現在空襲警報は、町中の様々な場所に設置されているスピーカーからも聞こえますが、空襲警報アプリを皆がスマートフォンにインストールしており、警報の発令をすぐに確認できるとともに、どの地域でいつからいつまで警報が続いていたかをさかのぼって確認することができます。

ゼレンシキー政権が「スマートフォンの中の国家」とうたって開発し、全面侵略前に運用を開始したオンラインサービスサイト／アプリ「ジーヤ」は、元々役所へ行かなくても、オンラインで出産・住居・税・社会保障などの手続きをしたり、各種デジタル身分証明書（国籍身分証明書、納税者証明書、コロナワクチン接種証明書など）の発行ができたり、交通ルール違反の罰金を支払ったりできるという便利なものでしたが、全面侵略が始まると、このアプリに戦争関係の各種サービスが加えられました。

例えば、慌てて自宅を離れた人のためのオンライン簡易身分証明書の発行や、「イェ・ヴォロフ」という、ロシア軍の居場所をウクライナの情報機関へと伝える機能や、戦時国債をスマホ上で購入・運用できる機能、将来の賠償《ばいしょう》金請求に向けて自分の資産への戦争被害を登録する機能、冬季の停電の際に町中に行政府により設置される暖房や発電機のある「不屈ポイント」の場所を確認できるオンライン地図の機能、国内避難民向け支援サービスの機能などが利用できるようになっています。

ウクライナ国防省は、「レゼルヴ＋」というアプリで、軍籍登録者がわざわざ軍関連施設まで出向かなくてもオンラインで自分の軍籍上の登録情報を更新できるサービスを開始しました。また、前述の通り、キーウ市は町中のシェルターの場所を示すインタラクティブ地図をオンラインで公開しています。また、国防省は、2024年8月にさらに、軍人が身分証明書をスマホ上で提示できる新たなアプリ「アルミヤ+」も発表しており、今後は軍人の独学用オンラインコース、保護されたチャット、報告書や苦情のオンラインでの提出（指揮官に気付かれずに不満を伝えられる）、といった機能が足されるそうです。

　また、多くの人がウクライナの民間銀行「モノバンク」の募金サービスを利用しています。このサービスを使うと、同銀行の口座を持っている人が、自分の名前と目的を記載した募金用のページを簡単に開設でき、募金を行う人も自分の銀行口座から1、2回のクリックで希望額を瞬時に送金できます。これは、特に前線のウ

ここに募金する額を入れる。現在のレートは1₴（フリヴニャ）＝4円前後なので、500₴だと2000円くらい。

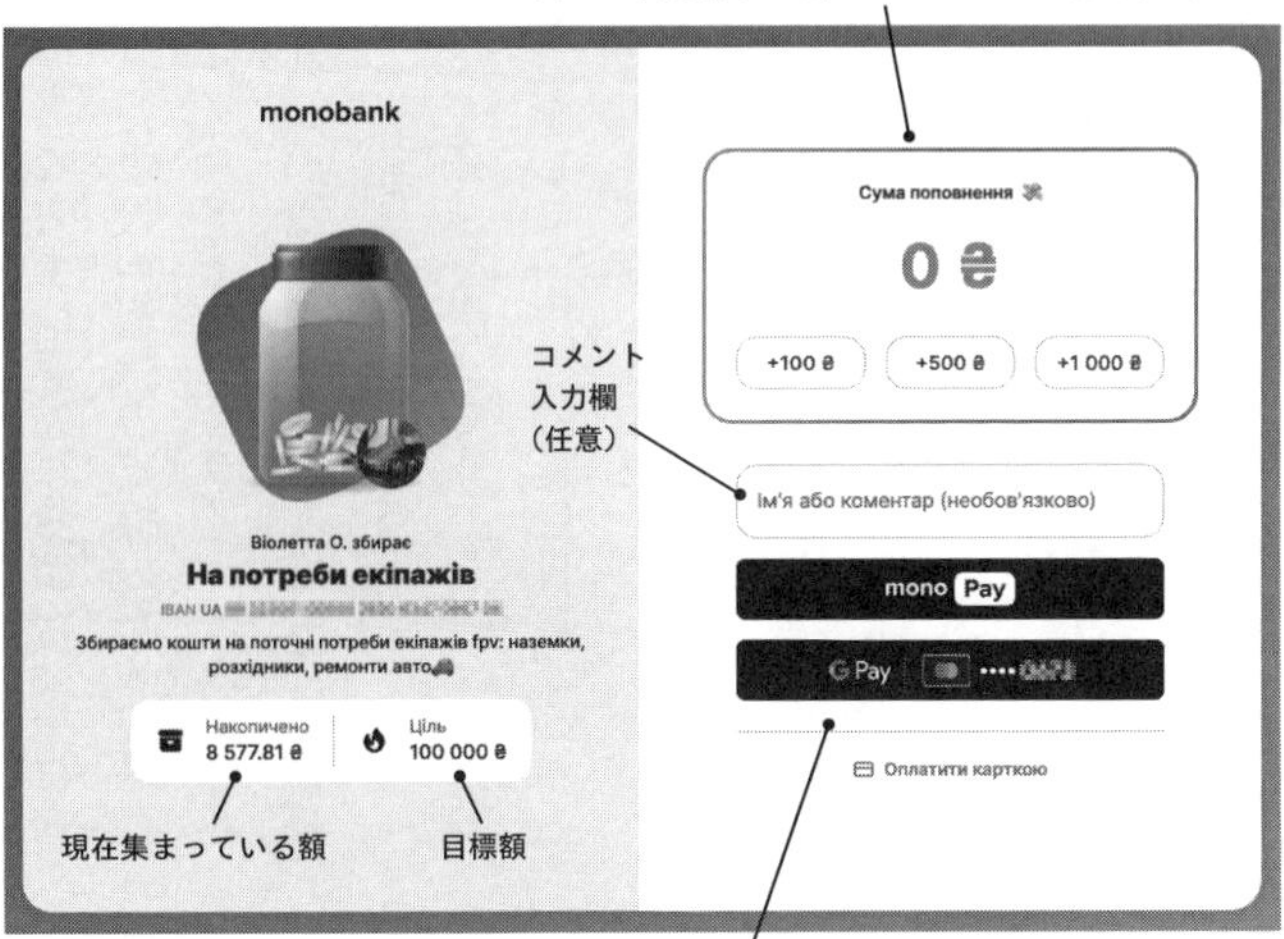

オンライン募金サービスのインターフェース

支払い方法。私はいつもグーグルペイがアップルペイで払っています。「mono Pay」はウクライナのモノバンクのサービスなので、カードを持っていない人は使えません。一番下のリンクから直接クレジットカードで払うことも可能なよう。

クライナの軍人が車両の修理、無人機や電子戦機器の購入などで、緊急に資金が必要になった時や、ロシア軍の攻撃で亡くなった民間人や戦死した軍人の家族の支援のための募金に使われており、全面戦争が始まってからソーシャルメディア上でウクライナの人々が非常に活発に利用しています。何よりもインターフェースがわかりやすく、とても簡単に募金できる（ページを開いてから5秒ぐらいで送金できます）点が人気の理由です。

多くの人がXやインスタグラムで毎日のようにこのサービスを使って募金を呼びかけていますし、私もよく友人の呼びかけに応じて少額の募金をしています。誕生日を迎える人が「私をお祝いしたい方はプレゼントの代わりに、こちらに募金してください！」というように呼びかけることも多いです。

その他ユニークなものとして、ロシア軍人の中でウクライナ側に投降したい人が誰にもばれないようにウクライナの情報機関に連絡するために作られたサービス「生きたい（ハチュー・ジーチ）」というものもあります。２０２４年6月時点の発表では、そのサービスを使ったロシア軍人の投降者の数は、３００人以上だということでした（他の手段で投降する人もいます）。

際立って戦争の影響を受けている業界はありますか？

侵略による国外への難民の発生や国内の別の地域へ避難する国内避難民の発生、動員・徴兵などによる前線近くの町や特定分野の人員不足の話を時々聞きます。例えば、東部ハルキウは元々産業都市として知られた人口１００万人以上の大きな都市でしたが、ロシアとの国境から近いため、全面侵攻が始まってから２０２４年夏まで、ロシア軍の攻撃を受ける頻度が特に高く、一定数の住民が町を離れたと言われます。そのため、最近は高度な特殊技能を持つ人材が他の町に移住してしまい、業種によってはハルキウで募集をかけてもなかなか見つからなくなっていると聞きます。また、未来の世代を育てる教育者は、職場の動員者の数が一定の割合を超えないような仕組みが存在しています。

ウクライナは農業大国なのですが、戦争によって地雷が多く敷設《ふせつ》されたことが、ロシアから解放された地域の農地利用を難しくしています。しかも、ウクライナの広大な領土に敷設されていることから、専門家によっては地雷の完全な除去には数百年かかるとの試算を出している人もいます。そのため、世界中の国々がウクライナに地雷除去支援を申し出ており、日本政府もカンボジア政府と協力してウクライナの地雷除去支援を行い、2025年には日本でウクライナの地雷除去を議題とする国際会議を開こうとしています。

観光業は非常に厳しいですね。「戦争が起きている」というだけで、外国からの観光客はほとんど入ってきません。南部ヘルソン州は、ピンクの湖やキンブルン砂州、オレシュキ砂漠といった風光明媚《ふうこうめいび》な観光地が多いことで有名で、私にもお気に入りの場所がいくつかあり、自著『ウクライナ・ファンブック』（パブリブ、2020年）で紹介したことがあるのですが、2024年8月現在、州のそのような観光地のほとんどがロシアに占領されたままでアクセスできませんし、今後解放されても地雷除去には途方もない時間がかかり、自由に観光ができるようになるのはいつになるかわかりません。ヘルソン州で上述の自然を巡るツアーを企画していた観光業者の知り合いは、もうヘルソン州で観光業で働くことはできない、と完全に諦《あきら》めていました。これは一例で、各地に類似の例があると思います。

逆に全面侵略がビジネスにプラスに作用した例もあります。私は、昨年「通販生活」さんと協力して、「Kate Kore Kyiv」というウクライナのファッションブランドの取材をしたのですが、彼らは全面侵略当初、従業員が皆キーウから離れてしまい、もう自分たちのブランドは終わりだと思ったけれど、しばらくすると、日本を含め世界中から同社の製品への注文が殺到したと話していました。「ＫＹＩＶ（キーウ）」と刻印された彼らの製品を買うことで、ウクライナを応援したいと思う人がたくさん現れたためです。全面侵略により世界からの注目度や知名度が高まってビジネスがむしろ好転した例は他にも色々あると思います。

戦争のつらさを特に感じる時はありますか？

２０２４年春のロシア軍によるウクライナの電力インフラに対する激しいミサイル・自爆型無人航空機攻撃により、国の発電能力が大幅に失われたために、それ以降全土で大規模な計画停電が導入されています。２０２４年7月、キーウでは1日合計で約10時間の計画停電が導入されていました。同時に、夏の間は、日照時間が長いことから、計画停電が導入されても町の中で暗さを感じることはあまりありません。7月中、キーウでは気温34～37度の記録的な猛暑の日が数日あったのですが、その際は冷房を使う人が増えたためか、停電時間が通常より少し延びました。市場では扇風機の価格が高騰していると聞きますし、ポータブル電源の価格も5月から7月までに50%ぐらい上がりました。

しかし、今後秋~冬の時期の方が厳しくなるでしょう。というのも、ロシア軍はウクライナの電力インフラへの攻撃を続けるでしょうし、今後さらに気温が下がり、日照時間が短くなると、生活におけるつらさは増す一方だと思います。2022~2023年秋冬にも計画停電はありましたが、現在はその当時よりもさらに発電能力が失われており、2024~2025年秋冬は、これまでにない困難が生じるだろうと予想されています。

専門家や政府関係者は、今から冬に向けた準備をするようにと国民に呼びかけており、都市生活に大きな困難が生じることは間違いないでしょう。その「つらさ」が人々の世論にどのように影響を与えていくかは注視していく必要がありますし、世論に負の影響を与えることがロシア軍の目的だと思います。

計画停電が都市生活に与える大きな影響の例を紹介しましょう。例えば、高層マンションの上層階に住んでいる人は停電の際はエレベーターが使えなくなるので、電力会社が毎日発表する計画停電予定表をよく見ながら外出や帰宅の予定を立てる必要があります。

私は、一度キーウ市内のマンションの23階に暮らしている友人のところを訪れたのですが、上りは通電していましたが、下りは停電のタイミングだったので、23階から1階まで階段で降りることになりました。それだけでかなり大変だったのですが、大きな荷物を抱えて23階まで上がらないといけない事態を考えたらゾッとしましたし、足腰の弱い方はまず上れないだろうと思います。さらには、停電のタイミングで空襲警報が発令されても、高い階層から毎回シェルターまで歩いて降りる、その後警報解除されたらまた歩いて上る、というのは、不可能とは言わないまでもかなり非現実的です。

また家庭によっては、台所がオール電化になっていることも少なくなく、その場合は停電の間は熱を使った調理ができません。洗濯《せんたく》もタイミングが難しく、洗濯機を回している途中で止まられると結構困ります。前述の友人はその後、別の場所に上り下りの必要ない一軒家を臨時で借り始め、様子を見つつ、おそらく来年の春まではそこに住むだろうと話していました。同じように考えている人は増えているはずで、今後、冬に向けてそのような「停電期間だけ住む住居」の賃料が上がるかもしれないと思っています。

戦争の影響を最も受けるのはどのような人々だと感じますか？

この質問への回答は非常に主観的なものになると思います。ウクライナに限定した話でしたら、ロシアの攻撃で命を奪われた人、ロシアの攻撃で子供・家族を殺された人、徴兵されて戦死した／健康を失った人、戦場で家族や最愛の人を失った人、幼少期が戦争一色になった子供、自分の町が破壊された人、自分の町が占領されて自由を奪われた人、占領下でロシア兵に拷問《ごうもん》・強姦《ごうかん》・殺害された人、占領地で、あるいは占領地からロシア領へと連れ去られて洗脳を受けている子供たち……。

私には、いずれかの層を「最も影響を受けている」と安易に形容することはできません。ただし、この回答を執筆している段階では、侵略国であるロシアの国民より、被侵略国のウクライナの国民の方が圧倒的に大きく戦争の負の影響を受けているということだけは間違いなく言えると思います。

戦時下ならではの流行語はありますか？

全面戦争に入ってからの流行《はや》り言葉はたくさんありますが、瞬間的に流行っただけで廃れていったものも多いです。

例えば、南部ヘルソンの奪還に向けて近郊のロシア軍軍機の集まるチョルノバイウカ空港を攻撃することを「チョルノバイーティ」と動詞化して言ってみたり、米国に提供された高機動ロケットシステム「ハイマース」で攻撃することも動詞化して「ハイマルシーティ」と言ったりしていましたが、2022年秋にヘルソンが奪還されたらチョルノバイウカは話題に上らなくなりましたし、「ハイマース」を使用することが当たり前になり、皆が慣れてしまうとその動詞も使われなくなりました。

当初は、ロシア兵のことを憎しみのあまり「オーク」と呼ぶこともありましたが、それも最近はあまり聞かれず、別の蔑称《べっしょう》「ルスニャ」や「カツアプ」が使われることが多いです。なお私の友人は、ロシア兵のことはロシア兵が責任を負うべきであって、蔑称を用いると責任の所在が曖昧《あいまい》になる気がするので使うべきでないと主張していました。

他には、被占領下クリミアやロシア領で原因不明の爆発が生じることが「バボウナ（木綿）」と呼ばれていた時期がありましたが、これはロシア語では「爆発」が「フロポク」と呼ばれることがあり、この言葉がロシア語ではアクセントだけ変えると「木綿」も意味することから、ウクライナ人が「木綿」を意味するウクライナ語の単語を「爆発」の意味で使うようになったわけです（ややこしいですよね……）。でも、その「バボウナ」も最近ではあまり聞かなくなりました。

傾向としては、戦時下で多くの感情の昂《たかぶ》るような激しい出来事が生じれば、その分新しい言葉が生まれやすくなるけれど、その出来事への注目が薄れると言葉もすぐに廃れるのだと思います。戦争中の流行り言葉が、どれだけ戦後まで残り続けるかはまだまだわかりません。

交戦1年目と2年目以降で、戦時下の暮らしはどう変わりましたか？

全面侵略が始まってからの最初の1年間はあらゆることが未知でした。特に最初の1か月間は次の瞬間、翌日、来週、来月に何が起こるか、事態がどのように変わるか、自分や近しい人の身、町、ウクライナという国に何が起こるかを予想することがとても恐ろしく、難しかったです。自分たちの住んでいる町が空爆されるかもしれない、自分たちの住んでいるところにミサイル／砲弾が飛んでくるかもしれない、つまり、ある日自分や大切な人の死が唐突に訪れるかもしれない、自分の愛する町が占領されるかもしれない、ある日自分の生活圏に突然ロシア兵／ロシア軍兵器・戦闘機が現れるかもしれない、今ある当たり前の生活インフラ（電気、ガス、インターネット）が突然使えなくなるかもしれない……。

そのような不安、恐怖、絶望、予想不可能性の中を手探りで生き、瞬間瞬間に非常に難しい決定を下し続けなければいけない時期でした。ほとんどの人に類似の経験がなく、ミサイルが自分のところにどの程度の頻度、どの程度の速度で飛来するのか、ミサイルが着弾した時の被害はどの程度なのか、ロシア軍はどの程度進軍できるのか、町を占領する場合どれくらいの時間がかかるのか（つまり、占領される前にその町から脱出するとして、どの程度の時間の余裕を見ておくべきか）、占領された時にロシア兵の前でどのように振る舞うべきか……といったことについての知識がないために、未来を予想しながら行動することがなかなかできないわけです。

最初の2、3週間は皆が極限の緊張感を抱えて生きながら、少数のごくごく近しい人にしか連絡する時間も心の余裕もない時期でした。ところで、この頃、多大なストレスから、多くの人がまともに食事ができなくなっていたのですが、私が話を聞く限り、2つのタイプに分かれています。1つは、ほとんど食事をせず、体重を大きく減らした人。もう1つは、反対にお菓子類ばかり絶え間なく食べて、体重を増やした人です。私の場合は後者で、朝早くに起きてから夜遅くに寝るまでの間、仕事をしながら、近所の店で買った大量のお菓子をひっきりなしに食べていましたし、お昼は毎日同じホットドッグでした。

その後、ぼんやりながらも徐々に戦況の流れ、情勢の大まかな方向性が見えてくると、「明日死ぬようなことはおそらくない、多分1週間後も大丈夫、1か月後がどうなるかはまだ全然わからないけれど、それでも当初想像したような最悪の事態だけは避けられるのかもしれない……」という、それまでは感じられなかったなけなしの希望が生まれ始めました。それにより生じた少しの心の余裕から、それまでより幅広い友人に連絡を取るようになり、「あなたはどうしている？（ヤク・ティ？）」と短いメッセージを送って、互いの最低限の安否を確認し始めました。

それからさらに2〜3か月経ち、2022年の夏頃になると、戦況の全体像も大幅に変わり、ウクライナ防衛戦力が複数の方面でロシア軍を追い返し始めます。すると、キーウをはじめ、多くの町の一般人は、間近に迫るような死への恐怖を感じなくなり、ロシアに対する深い怒りや憎しみを抱きながらも、同時に「とりあえずの通常の生活」に戻ろうとするだけのもう少しだけ大きな心の余裕が生まれてきました。友人以外にも広範囲の知人と再びコンタクトを取るようになり、社会の繋がりが再生され、経済活動も可能なところから正常化していきました。

そして、「目前の危険」が過ぎ去った分、人々の間には「中長期的な将来への不安」「戦争への勝利の期待」が大きくなっていきました。つまり、一応の「生活」は回復し始めたのですが、皆がその「当座性」「さしあたりの正常性」を理解している状態で、皆が何かしらに我慢をして、多くのことに大きな不安を感じながら、それでも少しずつ前を向きながら、生きられるようになり始めた段階でした。それが最初の半年ぐらいの状況だと思います。

そこから、全面戦争の2年目、3年目と、時間が経過するにつれて生じた変化は、ロシア軍がウクライナ全土の電力インフラを攻撃するようになったため、2022～2023年にかけての秋冬と、2024年の春以降に全土で大規模停電が生じるようになったことです。つまり、ロシアは、キーウやハルキウを占領できないことを悟ったからか、今度は前向きに生きていこうとする人々の心を挫《くじ》こうと、「さしあたりの正常性」をミサイルで破壊し出したのです。このロシアの攻撃により、発電所・変電所をはじめとするウクライナの電力インフラが多く壊され、ウクライナ全国で大規模に計画停電が導入されるようになり、国内の経済活動や日常生活に大きな制限が生じるようになりました。これに対して人々は、ポータブル充電池やろうそく、電池やＵＳＢで使える照明を購入するなどして困難を乗り切ろうとしています。

さらに、２０２３年夏に始まったウクライナ側の領土奪還を目指す反転攻勢が期待外れに終わったことで、人々の間でそれまで高まっていた完全勝利への期待が徐々に萎《しぼ》んでいきます。これに伴い、社会では戦争の終結やその他の政治・社会情勢に関して様々な見解が出てくるようになり、色々な問題に関する意見の対立も目立つようになっていきます。

私は、これはある意味で、全面侵略前の状態に戻った、つまり、民主的社会の「平時」においては当たり前の意見の多様性が戻ってきていると言えると思っています。すなわち、数か月先の安全と生活の安定性がおそらくある程度は確保されていると多くの人が感じることで、心の中に一定の安心感が生じ、他方で、より中長期の未来、例えば、戦争の終わり方や将来のウクライナのあり方に関して考える際には引き続き不透明な要素が多く、それが故に国民の間で物事の見方が一致しにくくなり、議論が加熱しやすくなっているのだろうと思います。簡単な言い方をすれば、1年目は人々は目の前のことしか見ることができなかったのが、2~3年目には少しだけ遠くを見ることができるようになった、ということです。

第2章 ウクライナで考えるロシアの全面侵略戦争

ウクライナの人が考える「戦争の終わり」とは何ですか？

ウクライナの人々の間には様々な意見がある上に、終戦を巡る世論は情勢の影響を受けて刻一刻と変わるので、これを書いている瞬間から出版されるまでにも変化が生じるだろうと思っています。ロシアの全面侵攻からしばらくの間は、武力で占領された領土を取り戻すことがウクライナにとっての「勝利」を意味するとの意見が圧倒的に多かったですが、2023年夏の反転攻勢で領土があまり奪還できなかったことを受けて、現時点では全てを取り返すのは難しいかもしれないとの見方が少しずつ増えてきているように思えます。例えば、2023年5月にキーウ国際社会学研究所によって実施された世論調査では、「平和をできるだけ達成し、ウクライナの独立を維持するために、ウクライナは自国領の一部を断念し得る」と回答した人が10%でしたが、1年後の2024年5月にはこの割合が32%となりました。

これに対して、「どのような環境下であっても、たとえそれによって戦争が長引き、独立維持への脅威が生じるのだとしても、ウクライナは自らの領土を一切断念すべきでない」

との回答は、2023年5月には84%でしたが、2024年5月には55%まで減少しています。

この世論調査の結果は大きな話題となりましたが、同時に、この「譲歩」増加傾向が顕著なものかは、継続して他の調査と見比べる必要があると思っています。例えば、2024年8月に民主イニシアティブ基金とラズムコウ・センターが実施した世論調査では、被占領地をロシア領として認めるというロシアの要求につき約80%の回答者が受け入れられないと答え、受け入れられると回答したのは約9%だけでした。これは、前述の5月のキーウ国際社会学研究所の調査結果とは印象が大きく異なります。閉塞感のある情勢が続いているだけに、譲歩に向けた意見が増えている可能性はあると思いますが、世論を理解するには複数の調査機関の結果を継続して見ることで、傾向をよく把握する必要があるとも思います。

その他、2024年9月にラズムコウ・センターが実施した別の世論調査では、回答者の83%がウクライナの勝利を信じていると回答しました。さらに、その回答者の内の約38%がウクライナ全領土(2014~2015年に占領された領土含む)からロシア軍を追い出すことを勝利とみなしているのに対し、約18%は「ロシア軍壊滅とロシア国内の蜂起/崩壊の促進」を勝利とみなし、約17%が2022年2月23日時点のラインまでロシア軍を追い出すことが勝利と回答していました。

また2024年8月、ソーシャルメディア「X」で「現時点でのあなたにとっての勝利とは何か」と尋ねている軍人がいて、数百人のユーザーが自分の意見を書き込んでいるのを見かけたのですが、そこでもロシア壊滅から現在コントロールしている領土を維持しての戦争終了まで様々な意見が見られました。その中で最も多くの「いいね」を得ている意見は「(現時点では)主権あるウクライナ国家の維持、私たちの領土の併合の不承認、EU・NATO加盟方針維持。将来的には、1991年国境への到達」というものでした。ともあれ、今後も戦勝・終戦への見方は、前線の状況やロシア軍の空爆や国内情勢の影響を受けながら変化し続けていくと思います。

停戦に関する議論は、さらに難しいです。ウクライナの人こそ、命と心と生活と未来を奪っている現在の戦争を忌み嫌っており、皆ができるだけ早く終わって欲しいと思っているに違いないのですが、その停戦が将来のさらなる侵略を招いてしまうことへの懸念も非常に大きいです。

というのも、そもそもウクライナは一度2014年と2015年に停戦と政治的情勢解決のために通称「ミンスク諸合意」というものをロシアとの間で締結しているのですが、その後も約7、8年間、軍人・民間人に死傷者を出す低烈度《れつど》の戦闘が続き、数百回の協議をロシアとの間で重ねたにもかかわらず、紛争《ふんそう》は全く解決に向かいませんでした。しかも、ロシアはその後ウクライナとの国境付近に戦力を集結し、数か月にわたって脅しをかけながら、入念な侵略準備をした上で、ウクライナに対してとんでもない言いがかりをつけて全面侵略を仕掛けてきたわけです。

ロシアは、その「ミンスク諸合意」や、あるいは1994年のウクライナの領土一体性を保証する合意「ブダペスト覚書」を守らなかったことに加えて、2022年以降に制圧したウクライナ領を自国へ「併合」することを宣言しています。このように、ロシアにウクライナを制圧・支配しようという意図があることが明らかなため、圧倒的多数のウクライナ国民は、無条件で停戦・和平協議をロシアと行っても意味は全くないだろうと考えています。ミンスクの教訓、ブダペストの教訓、というわけです。

他方で、ミサイルが飛んできて、前線で親しい人たちが亡くなり、経済状況の悪化で収入も減り、ロシアによる発電所・変電所破壊により都市部で大規模な停電が続く日常を長期間耐えなければならない状況に、忍耐力が尽きつつある人も出てきているようで、「とにかく何でも良いから停戦／紛争を凍結して欲しい」と考えている人は着実に増えてきているように思います。

しかし、繰り返しますが、問題は、侵略戦争は侵略国の意志によって始まり、続けられているものであり、侵略国が止めようと思えば軍を撤退させることで簡単に終結できるのに対し、被侵略国だけが戦争を止めたいと思っても、容易に止められるものではないことです。もちろん、プーチンが望むような、ウクライナがロシアの属国になり、独立国家としての未来を諦めるような条件を全面的に吞むのであれば、戦争を終わらせることはできるかもしれません。しかし、それはもはや、多くのウクライナ人が今考えている「ウクライナ」が存在しなくなることを意味します。さらには、ロシアに占領された自治体ではすでにブチャでの住民惨殺《ざんさつ》のような出来事が多く確認されています。ウクライナの人々は、ロシアとの停戦が意味することを重々理解しており、戦争は一刻も早く終わらせたいけれど、降伏もし難《がた》い、という残酷なジレンマの中を悩みながら生きているのだと思います。

日本では核使用の脅威が強調されますが、ウクライナの最大の懸念事項も核戦争ですか？

核兵器はこれまでロシア・ウクライナ戦争で使われてきた兵器と比べれば、単体でのエネルギー量は他を圧倒的に凌駕《りょうが》しますし、しかも特に日本は、世界で唯一戦争中に核兵器を使用された国であるという特別な事情があり、核兵器に関する報道は自ずと特別な注目を集めているように思います。

同時に、核兵器は大量破壊兵器の中でも特に破壊力が圧倒的に大きいことから、国際社会上でも特別な扱いをされる兵器です。その特別な点として知っておくべきなのは、「核抑止」という概念です。これは、ある国が核兵器を使用しようとした時、他の核保有国が与える報復を事前に伝えて、被《こうむ》りうる甚大《じんだい》な被害を認識させることを通じて、その核兵器使用を控《ひか》えさせるという考えです。

現在の戦争でも、米国はロシアに対して、万が一ロシアがウクライナに対して核兵器を使用した場合、ロシアが被り得る何かしらの甚大な被害を伝えていることが報道から判明しています。ロシアの目的は、現在の侵略戦争においてウクライナに勝利することですが、核兵器を使用することで反対にロシアが受ける被害が大きくなり、むしろ目的を達成することが難しくなると認識させられている限り、同国が核兵器を使う可能性は小さくなると理解されています。

ウクライナの人々は、ロシアがウクライナに対して核兵器を使用する可能性については、全く考えていないとは言わないまでも、まずないだろうと高を括っていると思います。大切なのは、ウクライナの人々にとっての最大の懸念事項は核戦争が勃発することではなく、この戦争の結末としてウクライナ自体が消滅・破滅する、主権や独立を失う、強制的にロシアの支配下に入れられることだということです。

ロシアがウクライナに対して核兵器を使う可能性は、ウクライナにとってももちろん脅威ではあるのですが、ウクライナという国を失うことの方がはるかに大きな脅威なわけです。ですから、ロシアがいくらか核兵器による脅迫を行っても、ウクライナの人たちは、怯《おび》えることで失うものの大きさを理解しているからか、あるいはそれが単なる脅迫に過ぎないと思っているからか、現在の戦争の当事者でない外国の人々ほど怯えることはありません。ウクライナ政権の人も「ロシアの核兵器使用は絶対にない」とまで確信できてはいないでしょうが、だからといって国の存亡をかけた戦争に負けるわけにもいかないわけで、その究極の選択の中で、リスクを取って戦い続けているわけです。

ウクライナ政権がそれ以上に心配していることは、おそらく外国がウクライナ以上にロシアの「核脅迫」に怯《ひる》んでしまい、ウクライナへの様々な軍事支援の実現や、ロシア領攻撃の制限解除をためらってしまっている現状だと思います。ウクライナとしては、外国からの徹底した軍事支援・西側武器によるロシア領攻撃に対する制限の解除がなければロシアに勝てないのに、諸外国（特にアメリカやドイツ）がロシアの核脅迫にしばしば怯み、重要な決定の採択が遅れる状況が見られています。その中で、ウクライナは、そのような国に向かって、ロシアの脅迫ははったりに過ぎないことを自らの軍事行動によって証明しようとしていますし、また万が一核兵器がウクライナに対して使われても、ウクライナは止まるわけにはいかないことを根気よく説明して、支援国を説得しようとしています。

私個人の話をすると、ロシアがキーウに対して核兵器を使って攻撃したらどうしよう、と考えることは確かに時々ありますが、その場合は地下シェルターに移動して、地上での移動が可能になるまでしばらく待つしかないだろうと思っています。その際、どの程度シェルターに残らなければいけないかは、使われた兵器の規模、放射線量によります。例えば数日で移動可能になる小型の物もあります。

現在のロシア・ウクライナ戦争における核兵器の問題を考える際は、「ウクライナは核兵器を使われたら一巻の終わり」だと決めつけるのではなく、核抑止の効果も踏まえながら、ロシアが核兵器を使った場合、その使用がこの戦争の結末にどのような影響力を及ぼすかまで想像してみると良いと思います。むしろ使ったロシアの方が結果としてこの戦争に勝利するチャンスを決定的に失うかもしれないことを理解することが重要だと思います。

キーウがほぼ元の日常を取り戻したタイミングはいつですか？

キーウで言えば、2022年3月下旬以降にロシア軍が市の周辺から撤退して以降だと思います。これはハルキウでも同様の話を聞きました。

つまり、榴弾砲や多連装ロケットシステムでの市街地に対する頻繁かつ精度の低い、その結果として犠牲者が相対的に多く出る攻撃が行われている時、さらにその後のロシア軍が市街地へ侵攻し、市街戦に移行し、町自体が占領されるおそれがある局面では、市内は極めて緊迫します。他方で、ロシア軍が町の占領を断念し、周辺から撤退すると、町が攻撃される頻度が大幅に下がりますし、その後は断続的に飛来する、しかし榴弾砲や多連装ロケットシステムの砲撃よりは命中精度が比較的高いミサイルや無人機、航空爆弾の攻撃にのみ気をつければ良くなります。そうすると町には一定の安定が生まれ始め、市民もいくらか安心し出し、一時的に町を離れていた人が戻り始め、経済活動が急速に回復し始めます。

それでもミサイルの飛来、徴兵の継続、別の地域での侵攻・戦闘や占領はあるわけで、それもまた戦争状態の一形態であり、それを「ほぼ元の日常」と呼ぶのは憚《はばか》られるのですが、それでもロシア軍がもたらす命に対する直接的脅威が物理的に遠ざかれば、暫定的ながらもある程度の経済活動ができるようになります。

オデーサの場合は、ロシア軍は陸上では接近できませんでしたが、ロシア海軍黒海艦隊が海から揚陸作戦をしようと計画していたようで、全面侵略開始当初は町はかなり緊迫していたと聞きます。しかし、その後ロシア軍黒海艦隊旗艦のミサイル巡洋艦「モスクワ」がウクライナ軍により撃沈されて以降は、市内の検問所も急速に撤去が進み、市民の間の緊張も解けていったと聞いています。

私が2022年5、6月にキーウの友人たちと話をしていた時には、「最初は恐怖と憎しみを強く感じていたが、その恐怖は今は大きな怒りに変わっている」と聞くことが多かったです。そのような感情の変化は、ロシア軍がキーウ州周辺から撤退したことで、特にブチャなどキーウ州でのロシア兵によるウクライナ住民に対する惨殺、拷問、拉致《らち》、強姦などの残虐な事例が多く見つかるようになったことも理由でしょう。

キーウと他地域で、ウクライナ国内でも温度感の違いはありますか？

目立った違いがあります。キーウは2022年4月以降、ロシア軍が近隣から去ったために、脅威らしい脅威はミサイルや自爆型無人機の飛来になりましたし、強力な防空体制が構築されているようで、着弾の頻度も2022年当時より遥かに低くなっています。

東部ハルキウも、接近していたロシア軍を撤退させることはできましたが、ロシアとの国境が近いために、ミサイルや航空爆弾の飛来頻度が高く、またロシア軍の再度襲来の脅威も依然残っていて、事実2024年5月以降、ロシア軍が北部の国境からハルキウ州へと再侵攻を仕掛けてきており、2024年8月時点でまだハルキウ州で戦闘が継続しています。

前線から近い南部のザポリッジャへ行くと、町には若者を含めて人が戻ってきており、一定の活気はあるのですが、軍人の姿が多く、人々が帰宅する時間もキーウよりずっと早く、夕方頃には町の中心部の人通りがかなり少なくなります。

他方で西部リヴィウのように前線から遠い町では、ミサイルや無人機の飛来の脅威は残っているものの、町自体は、ロシア軍の直接的な襲撃には晒《さら》されておらず、現在もロシア軍が同市まで到達して、町自体が制圧されるような危険を感じている人はあまりいないだろうと思いますし、そのためか、市内の繁華街は夜間外出禁止令が始まる時間になるぎりぎりまで賑やかです。

さらに、西部山奥のザカルパッチャ州などは、ミサイルが同州まで飛来した回数も限られており、戦争はどこかはるか遠くの出来事のように感じている人が多いと聞きます。また全くミサイルの飛来しない村で暮らしている人にとっても、戦争の脅威は町で暮らす人より遠いものだと感じられていることでしょう。

つまり、個人差も大きくありますが、概して、ミサイルや自爆型無人機が自分の住む自治体に飛来する頻度、ロシア軍駐留場所や武力衝突ラインからの距離、自治体が占領される可能性の大きさといった要因によって、住民の戦争に関する危険の認識は大きく左右されます。

ハルキウの人がこんな話をしていました。リヴィウへキーウから人が来ると、リヴィウの人は「キーウなんてミサイルの飛来頻度の高い町でどう暮らしているの?!」と驚くらしいですが、キーウの人にとってはその状況はもう平気。でも、そのキーウへハルキウから人が来ると、キーウの人は「ハルキウなんてミサイル・爆弾の着弾頻度の高い町でどう暮らしているの?!」と驚く。でも、ハルキウの人にとっても、その状況はもう慣れたものになっていて、彼らは、もっと東に位置するクプヤンシクやクラマトルシクほどではないし、ハルキウなら暮らしていけると思っているそうです。

概して、外から見た場合の危険というものは誇張《こちょう》して想像されがちなものだということだと思いますし、私たちの脳は恐怖を感じる時には確率で物事を考えることが苦手だということでもあるかもしれません。

「戦争疲れ」を感じている人はどれくらいいますか？

戦争に疲れていない人、疲れない人はいないのではないかと思います。特に現在の戦争は全面侵略戦争であり、ウクライナは国家存続のために強制的に防衛戦争を余儀《よぎ》なくさせられた被侵略国であるため、それはなおさらです。

常に国、町、自分の住む自治体、自分の大切な人、自分自身を消し去られるかもしれない可能性、侵略国軍からの殺意、悪意に晒され続けて、それに対して、場合によっては命を賭《か》けて抵抗しなければいけない状態が、あたかも果てしなく続くかのような感覚を覚えさせられるのが被侵略国側なわけで、その極限とも言える状況下で常に「全然大丈夫だ」と思い続けられる人は、あまりいないのではないでしょうか。

私を含めて、皆が心身ともに疲れ続けながらも活動を継続せざるを得ない状況に置かれているのが「戦争を生きる」ということだと思いますが、では、疲れたからといって、国、町、自分の大切な人、自分自身の自由、尊厳、命を諦められるか、というと、当然ながらそう簡単に諦められないでしょう（皆さんには、ぜひウクライナの人々の置かれた状況をじっくり想像した上で、「自分なら諦められるか？」と自問自答してもらいたいです）。ウクライナの人は皆、疲れと希望と絶望と夢と悲しみと期待とが入り混じった最悪のジレンマの中で血のにじむ忍耐と努力を続けています。

その中で、「もうこれ以上は耐えられない」という声は、少しずつ大きくなっているように思います。例えば先述のように、２０２４年5月にキーウ国際社会学研究所が実施した世論調査では、「できるだけ早い平和の達成と独立の維持のためには、ウクライナは自国領の一部を断念することができる」と回答した人が32％に上りました。その1年前の同じ設問に対する同じ回答は10％であったことを考えると、戦争に耐えられなくなっている人が少しずつ増えてきていると想像することができます。

他方で、同じ設問で、半数以上（55％）の人が「領土は一切断念してはならない」と答えている点、つまり、侵略が2年半以上続き、多くの犠牲が出ており、生活の様々なところに多大な負の影響が出る中でも、諦めない人がたくさんいるという点も重要だと思います。

キーウ在住者から見て、戦争は避けられないと感じた転換点はいつですか？

私は軍事の専門家ではないので、全面侵略前に独自に「ロシアの再侵攻は避けられない」と評価することはできませんでした。

他方で、信頼できる日本や外国の軍事専門家が２０２１年秋～２０２２年冬にロシアがウクライナ国境沿いで行っている軍事演習は大型侵攻を始める前触れである可能性が非常に大きいと解説し、ウクライナや欧米の情報機関もロシアの全面的あるいは限定的な再侵攻があり得ると発表し始めると、私もそのような評価や深刻な警告を考慮に入れないわけにはいかなくなりました。

ウクライナ政権は、一方では侵攻はないと国民に対して伝えることで、社会がパニックに陥るのを回避しているようでしたが、他方では何かしらの侵攻に備えているとしか思えないような準備行動や決定を行っていたため、発表と行動に一貫性がなく、簡単に未来を予想できる状況ではありませんでした。さらなる侵攻が始まるかどうかは、究極のところでは、侵略国指導者のプーチン露大統領が命令を下すかどうかにかかっていたため、「もう絶対に避けられない」と１００％の確信を持って予想できる瞬間はついに来なかったのですが、それでも、２０２２年2月に入ると、今ある情報を総合的に判断すれば、それはいつ始まってもおかしくないのだろうと思いながら日々を過ごしていました。

例えば、全面侵略が始まる数日前、友人とラーメンを食べに行った時は、「もし全面侵略が始まった場合」のことで冗談を言い合いました。友人は、購入したアパートの改修をしているところだから、「今侵攻に始まられたら困るんだよね」と言って笑っていました。知り合いのジャーナリストの方と一緒に夕飯を食べた時には、過去のロシアが行った戦争を思い返すに、ロシア軍はキーウまで攻め込んできたら、民間人の殺害も強姦も何でもやるだろうと話しては、戦々恐々としていました（ロシア軍はキーウ市内までは侵入できませんでしたが、その予想はブチャなどのキーウ近郊で的中しました）。

また、同じく数日前に、私はいつもと同じように近所のスーパーに入ったのですが、野菜売り場で「待てよ、もし今週何かが始まったら、料理どころではなくなるだろうし、生鮮野菜は買っても腐らせてしまうかもしれないな」などと逡巡《しゅんじゅん》したことを覚えています。その時は結局、「いや、何も起こらなければ、いずれにせよ何か食べないといけないのだし」と思い返して、ブロッコリーを一株買いました。2月24日の夜、そのブロッコリーを蒸して食べたのを覚えています。

全面侵攻の前は、ロシアの脅威をどれくらい感じていましたか？

これは、かなり人によります。2014年にウクライナ南部のクリミアと東部のドネツィク・ルハンシク両州一部地域がロシアに占領されたのですが、その地域からウクライナ政府管理地域に脱出した人、ロシアに脱出した人、戦闘地域に近いところで暮らし続けた人、被占領地で暮らし続けた人、しばらく被占領地で暮らしてからウクライナ管理地域へ脱出した人など実に様々です。

ロシアに占領されている地域では、ロシアによる支配を歓迎して受け入れた人もいれば、占領に不満を持っていても他に行く場所を見つけられず、やむなく耐えている人もいますし（不満について表立って声をあげることはできません）、最初は受け入れたけど、後で反対するようになった人や、ウクライナ管理地域と被占領地の間を行き来して生活している人もいました（なお、今ではそのような移動はほぼ不可能だと思います）。

クリミアではロシアの占領作戦遂行時にウクライナ側に数名の死者が出ましたが、他方で大規模な戦闘は生じなかったので、「戦争」を感じる機会はほとんどなかったと思います。これに対して、ドネツィク・ルハンシク両州では民間人3000人以上、ウクライナ軍人4000人以上、(実質)ロシア軍側(ロシア軍人とロシア側で戦ったウクライナ国民)5500人以上が死亡したことが国連人権高等弁務官事務所(OHCHR)の報告でわかっており、最も戦闘が激しかった1年目以降も、現地では低烈度の戦闘が発生していました。この2年目以降の低烈度の戦争状態は、現地出身者や居住者こそ特に身近に感じていたでしょう。また、直接戦闘任務に関わっていた軍人、軍の支援をしていたボランティア従事者、報道で情勢を常に追っていた記者や専門家をはじめとする市民なども戦争を直接的間接的に身近に感じていたと思います。

他の多くの一般市民は、前線周辺で大きな戦闘や事件があれば注目しましたが、同時に情勢に大きな変化が見られないまま年月が経過すると、戦争への強い関心を次第に失っていったのも確かだと思います。クリミアやドネツィク・ルハンシク両州はウクライナ領であり、取り返さなければいけないという見方は、2022年2月のロシアによる全面侵略が始まるまでも圧倒的多数により維持されていましたが、とはいえ、前線から遠い地域に住むウクライナ国民が戦争による緊張を身近に感じる機会は次第に少なくなっていたと思います。

２０２１年秋以降、ロシアのウクライナ国境への軍集結により緊張感が高まったのは事実なのですが、それは必ずしもウクライナの人々皆が共有していた緊張感ではなく、市民の中には全面侵略直前の２０２２年２月に入ってからも、ロシアが再攻勢を始めるということを信じない人もたくさんいました。

当時ウクライナ社会ではロシアの全面侵略はあるか否かという議論が毎日行われていましたし、侵攻の可能性について考えすぎて他のことが何も手につかなくなったり、職場で混乱して泣き出したりする人も出ていました。全面侵略はあるかもしれないけど、考えても仕方がないと言って飄々《ひょうひょう》としている人もいましたし、いや絶対にないと信じきっている人もいました。

全面侵略が行われないだろうと主張していた人は、おそらく「過去7年間、ロシアは大きな攻勢を仕掛けてこなかったのだから、今回も大したことはしてこないだろう。仮に何か仕掛けてくるとしても、東部のドネツィク・ルハンシク両州で大型攻勢に踏み切るぐらいではないか」と考えていたのではないかと思います。戦争へのある種の「慣れ」や、正常性バイアスのようなものが生じていたのでしょう。

ロシア語やロシア文化、「ロシア系住民」への温度感はどれくらい変わりましたか？
また、ロシアの同盟国であるベラルーシへの距離感はどうですか？

まず、「ロシア系住民」という言葉には多くの問題があることを説明したいと思います。ウクライナでは、2022年2月24日までは、多くの人がウクライナ語とロシア語の両方を使いながら生活していましたし、「ウクライナ語を話すのがウクライナ系住民で、ロシア語を話すのがロシア系住民」というような状態では全くなく、民族的ウクライナ人であってもロシア語を話す人はたくさんいましたし、民族的ロシア人であってもウクライナ語を話す人もたくさんいました。

さらに、日本では「民族」と聞くと、先祖代々の血のつながりのあるグループ、というエスニック集団を考えがちですが、ウクライナでは、「自分は○○人だと思う」という自己認識で「民族」を考えることがより一般的になっています（当然、皆が皆同じように考えるわけではありませんが）。そのため、両親はエスニック・ロシア人で、子供の頃はずっとロシア語を話していたけれど、学校で習ったウクライナ語も最近はよく使うし、ウクライナのことを愛しており、エスニック的にはロシア人の血が入っていても、自分のアイデンティティはウクライナ国民／人だ、という人は実にたくさんいます。

その人たちは、果たして何系住民でしょうか？

私は「ウクライナ系住民」や「ロシア系住民」という分類は、「ウクライナではウクライナ系住民とロシア系住民が対立している」というロシアによる、住民を架空の「分断線」で二分化して見せる、ウクライナ社会のことを知らない人に向けた偽情報ナラティブだと思っているため、「ロシア系住民」という誤解を招きがちな用語は使わないようにしています。

実際のウクライナ社会は、非常に複雑で、決して二分化で説明できるものではありません。その上で、例えば、「ロシア語を通りで使う人」に対する風当たりについて考えてみると、キーウでは、ロシア語を忌み嫌う人が増えたのは間違いないですが、他方で、キーウでロシア語を聞かなくなったかというと全くそんなことはなく、前より目立って少なくなったな、という程度にすぎず、今でも通りを歩けば日に何十回もロシア語が聞こえてきます。それがオデーサやドニプロなどでは、さらにロシア語を聞く頻度は高くなります（どの町でもウクライナ語の聞こえる頻度は確実に上がりましたが、同時に、全面侵略を受けて生活言語をウクライナ語に完全に切り替えていた人が、しばらくしてからまたロシア語をよく使うようになったという話も聞きます）。そして、そもそもほとんどの人が両方の言語を必要に応じて使い分けられます。

侵略国たるロシアに対する嫌悪感が高まったことから、ロシア文化に対する拒絶反応もかなり大きくなっており、家にあったロシア語の本を全部捨てた、という話もよく聞きますし、相当数の人がロシア発のオンラインコンテンツを完全に見なくなったという調査結果もあります。ウクライナで日常でロシア語を使って話すことと、ロシア発の文化を受け入れることの間には、大きな違いがあることを理解する必要があります。言語は切り替えのハードルが相対的に高く、かつ社会生活に欠かせない手段ですが、文化は代替物を見つけるのがより容易な、より選択可能性の高い物です。

ベラルーシに対しては、政権が現在のロシアの全面侵略を部分的に支援しているため、多くのウクライナ人が嫌悪感を抱いています。

そもそもウクライナでは、2020年のベラルーシの反政府運動が起こるまでは、ルカシェンコ独裁政権に対しても割と好意的な評価があったのですが、選挙結果の改竄《かいざん》や反政府運動参加者への残虐な弾圧行為を受けて、ベラルーシという国に対するイメージは急落しました。

とはいえ、そもそもウクライナでは、ベラルーシ文化やベラルーシ語が盛んに使われているわけではないので、以前に比べてウクライナ国民のベラルーシに対する距離がとても遠くなったわけではなく、そもそもそれほど近くなかったので、悪化したとはいえ、その悪化を感じる機会はあまりありません。ただし、ウクライナ軍側で非常に多くのベラルーシ国民が戦闘に参加していることも知られており、彼らに対しては当然好意的な印象が抱かれています。

ウクライナ国内で現在、ロシアの工作と思しき出来事はありますか？

2022年の全面侵略が始まる前の1月には、イギリス外務省がロシアにはウクライナの親露政治家として知られるイェウヘン・ムラーイェウを傀儡《かいらい》政権のトップに据える計画があると発表しました。またその発表では、ロシア情報機関が2014年2月にロシアに逃亡したヤヌコーヴィチウクライナ大統領（当時）の政権幹部とも類似の目的で接触していると指摘されていました。

これは、ロシアが全面侵略を成功させるために、事前にウクライナ内外で協力者を探していたことを示す情報でした。同時に、２０１４年当時もロシアが同様にウクライナ国内で協力者を見つけ出して、侵略を始めたことの教訓があるため、ウクライナは、ロシアの類似の工作に対しては強く警戒していたと思います。

しかし、実際に全面侵略が始まった時には、再び政権内外からロシアの侵略に協力する人物が出てきており、特にウクライナ南部では保安庁幹部からロシアに情報（地雷原マップ）を流した者が出てしまい、ロシアのヘルソン州攻略を有利にしてしまいました。これは、たとえ侵略が間近に迫っていることが明白な時であっても対敵協力者を完全に摘発することがどれだけ難しいかを示す出来事でもありました。

同時に、同様のことはロシア側にも言えることで、ウクライナに協力するロシア国民の存在（ロシア領を移動しなければならなくなったウクライナ国民への渡航費提供やウクライナ軍への志願など）や、ロシア政権内から誰かが重要な情報をリークしたと思われる状況、ロシア兵が軍用ヘリごとウクライナに逃亡する事件などが確認されています。

私は、対敵協力は今次の露宇戦争に限られるような出来事ではなく、どの戦争でも生じ得る現象だと理解しておくことが重要だと思いますし、各国政府が防止・摘発方策に注力する必要があるのと同時に、実際の戦争の際には全ての潜在的対敵協力者を完全に摘発することは限りなく難しいのだろうと思っています。

新聞やネットに戦争関連のニュースはどれくらいありますか？

それは、「戦争関連」というのをどこまで指すかにもよる話です。

例えば、ウクライナの反転攻勢の様子やロシア軍のミサイル攻撃の被害、難民・国内避難民の惨状は今でも当然大きく扱われていますが、全面侵略初期と違い、戦争のニュースだけでウクライナの報道が全て埋まっているということは全くありません。また、ゼレンシキー大統領の諸外国首脳との電話会談では必ず戦争についての言及がありますし、外国の首脳の発言が報じられる場合も、ロシア・ウクライナ戦争に関する言及が特に注目を集めます。長引く戦争で生じる心理的負担を軽減する話や、人々の戦争の展望に関する世論調査の結果や、オリンピックにロシアの選手を参加させるべきではない、といった話も、広義には戦争の話です。

そのような意味では、「戦争に関係する」ニュースはまだまだ多いですし、ウクライナの人々の関心が薄れたということはありませんが、大きな変化がなければ、報じる内容が単調になり、その分ニュースの件数は減ります。体感では日々の半分以上のニュースは何かしら戦争に関するものじゃないかと思います。

同時に、天気予報、交通事故、戦争と無関係の犯罪、スポーツ、テクノロジー、健康、経済といった、平時と変わらないニュースも引き続き報じられていますし、その割合は、全面侵略開始後数か月と比べたら当然増えています。パリ・オリンピックが開催されていた時には、ウクライナの選手がメダルを獲得する度に、当然大きく報じられていました。

全面侵略戦争は続いていますが、「明日、ロシア軍が何をしてくるか分からない」といった予測不可能性は全面侵略当初と比べれば相当程度下がっており、次に起こり得ることが何かということを皆がある程度予想できているので、その分、一つ一つの出来事に対するニュース性が下がっているとも言えます。さらに自治体を奪還したとか、新しい長射程ミサイルの供与が決定したとか、欧米に供与された戦闘機F－16が活躍したとか、ケルチ橋を破壊したとかいう、大きな話題性のあるトピックをウクライナの人々は待ち望んでいますし、それぐらいのことでなければ驚かなくなってしまっているとも言えます。

最近はちょうどウクライナ軍がロシア領のクルスク州での作戦を開始したというニュースで持ちきりになっているところで、それまで閉塞感が続いていた分、久々にウクライナの人々が肯定的な気持ちを抱きながら情勢を見ています。ともあれ、全体としては、全面戦争が始まってから2年半以上経過した時点で、国外の人だけでなく、戦争の中にいる私たちも、戦時下、侵略されている状況下を生きているということに、情報面でも「慣れてしまっている」側面はあるだろうと思います。

戦時下のウクライナでは報道の自由はどれくらいありますか?

報道の自由ですが、まずロシアが資金面で支援していることが判明したメディアは閉鎖されました。同時に、そのメディアで働いていた記者たちは新しいメディアを開設して活動を続けています。

政権批判は、全面侵略が始まった当初は、そもそも皆が批判を自発的に控えていたと思うのですが、時間が経つにつれてそのような自粛《じしゅく》もなくなり、今では多くの人が自由に批判をしています。典型的な例は、政権や軍関係者の汚職疑惑が生じた時の批判ですね。汚職疑惑が生じると、国の存亡の危機なのに、汚職で私腹を肥やすとは何事か、という強烈な怒りが批判の声となって国中に溢《あふ》れます。また、野党政治家も政権の粗探しに余念がないですし、ソーシャルメディアではなおのこと市民の政権批判は日常的に聞こえてきます。

即時停戦論は元々はウクライナで支持している人が少なかったのですが、反転攻勢の結果が芳しくなく、全面戦争が3年目に入った頃から、「領土を諦めてでも停戦すべき」という意見も少しずつ増えてきています。最近は、評判の高い民間オンラインニュースサイト「ウクラインシカ・プラウダ」で「領土か、人か」というタイトルで、閉塞感の出てきている戦争について、領土も人の命も両方全て確保することは難しいのではないかと考える専門家の論考が公開されて話題になりました。

ただし、報道規制が全くないかというとそんなことはなく、地上波のテレビ・ニュースは公共放送局と民間テレビ局が連携して1つの報道番組を持つだけになっており、地上波テレビだけを情報源にしている市民にとっては多様な視点を得にくくなっています。他方で、それは地上波テレビだけのことで、オンラインニュースメディアなどは引き続き独自の視点で発信を続けているため、インターネットやケーブルテレビで情報を得ている層には、この制限はあまり影響がありません。

ところで、私の働いている「ウクルインフォルム」は国営通信社で、位置付けとしては政府の文化・戦略コミュニケーション省の傘下にあるのですが、全面侵略が始まってからも国内の民間報道機関調査団体「マス情報研究所（ＩＭＩ）」から高い報道基準を維持しているとお墨付きを得ていました。他方、２０２３年秋に政府が自分にとって都合の良い新総裁を任命した後に、その調査団体から報道における政府の見解の割合が多くなっていると批判され、評価が下げられました。さらに、他社である民間のニュースサイト「ウクラインシカ・プラウダ」が、「ウクルインフォルム」の新しい総裁が自社の地方記者の報道内容をコントロールする指示を出そうとしたことを暴《あば》く調査報道記事を出し、ウクライナ社会で政権による検閲《けんえつ》だとして大きなスキャンダルになりました。なお、その記事は、検閲の試みに反発した「ウクルインフォルム」の多くの記者が、「ウクラインシカ・プラウダ」に協力して、内部情勢をリークする形で成立したものです。

この記事が出たことで、社会から政権の検閲の試みへの目はさらに厳しくなったと思いますし、現在国会の与野党議員やメディア専門家から「ウクルインフォルム」の独立性を高めるための改革案が提示されています。また、このスキャンダルの面白いところは、戦時下であっても、政権がマスメディアを少しでもコントロールしようと試みると、民間、国営問わず、報道関係者が猛反発すること、そしてウクライナ社会において検閲がどれだけ警戒されているかがわかる点だと思います。

もう1つ制限といえば、現在の戒厳令下におけるウクライナ軍人の戦時下損耗数（死傷者数）は国家機密扱いとなっているため、私たち報道機関は報じることができません。国は正確な軍人の死者数を公表しませんし、報道機関が何かしらの手段で情報を得たとしても、報じると国家機密の漏洩《ろうえい》となってしまいます。国防省関係者は、この情報を開示すると敵にとって有利になるため、機密にしていると説明しています。他にも、報じることで市民が危険に晒されることや、軍の作戦が敵にばれてしまうような情報も報道規制対象になっていることが多いですし、あるいは報道機関もそのような情報は報じることを自粛（自己検閲）することがあることがわかっています。

ウクライナ国内でこの戦争はどう呼ばれていますか？

一般的には、全面侵攻、全面侵略、全面戦争、大戦争などと呼ばれています。単なる「戦争」ではなく、「全面」や「大」をつけることが多いのですが、それは2014年にロシアが始めたウクライナ南部クリミアや東部ドンバスへの限定的な侵略戦争の延長線上に現在の戦争があると認識されているからです。単に「戦争が始まってから……」だと、2014年2月からのことなのか、2022年2月からのことなのか、厳密にはわかりません。

また、より厳密な言い方をする場合には、「ロシア・ウクライナ全面侵略戦争」「ロシアの対ウクライナ全面侵略」などとも呼ばれます。同時に、当然ながら、簡易的なやりとりの中で「戦争」とだけ呼称する人もいますが、口にした後にわざわざ「戦争が始まってから、……全面の方の」と言い直す場面もよく見られます。

日本では、2014年の当初のロシアの侵略の際には、ロシアのプロパガンダがかなり浸透していたために、ロシアのクリミア武力占領について、「クリミア編入」といったロシア視点での表現が散見されました。クリミアについて「編入」や「併合」が適切でないことは、ロシアに今も不法占拠されている北方領土について、日本の立場から「当時ソ連が北方領土を編入した」とは形容できないことから類推すれば、容易に理解できると思います。

同時に、ウクライナ東部紛争に関して、ロシアは自らは関与しておらず、「ウクライナ人同士の内戦」だと主張していました。しかし、同紛争へのロシア軍・国家の決定的な関与が様々な形で明らかになっており、規模は限定的でありながらも、2つの国家間の「戦争」であったという理解が専門家や関係国の間で優勢ですし、私も「戦争」であったと思います。また、2024年9月11日には、EUのウルズラ・フォンデアライエン欧州委員会委員長が「ロシアがウクライナに対して侵略を始めてから10年が経つ」と述べていました。

特にその侵略の犠牲国であるウクライナでは、ロシアによる8年間の侵略・占領が続いていたところに、その侵略国・占領国ロシアがさらに国家としてのウクライナを制圧し、ウクライナ・アイデンティティを最終的に消し去ることを目的に、全面侵略を仕掛けてきたという認識が支配的です。現在の戦争に関する名称もその理解を反映したものとなっています。

日常の中で政治への不満や不信を感じることはありますか？

一般的に、つまり平時のウクライナでは、政治への不満を話すのが好きな人が多く、政治に関する自分の意見を色々な形で積極的に表明する文化があります。日常生活で政治の話をすることがタブーだと考えられがちな日本とは大きく異なり、ウクライナでは日常会話でも政治の諸問題はよく話題になりますし、ソーシャルメディアでも活発な議論が行われ、町中での抗議運動も日本より目立つ形で頻繁に行われています。

この社会の不満の声をあげる文化は、全面侵略が始まった時に一時的に見られなくなっていたのですが、これは人々が普段感じる国内政治・社会における不満をはるかに超える国家存続の危機、敵国の侵略・占領による個々の市民の命と国家の存続に対する絶大な危険が生じたために、人々が認識する問題の優先度が入れ替わったからではないかと思います。

実際に、情勢が推移していき、人々が、ロシア軍にウクライナを消滅させるだけの十分な軍事力はなさそうだと思い始めるにつれて、今度は、ウクライナ政府の戦争遂行に関する様々な決定への不満や、全面戦争中にもかかわらず政権高官の間で汚職問題が発生することなどに対する政治不信が（再び）高まってきています。

これは、国民の意識の中で「全面戦争」の問題が小さくなったわけではなく、ウクライナが現在の防衛戦争を正しく遂行できるかどうかは、結局ウクライナの政治家の国家運営能力に大きく左右されることを国民が認識し出したということ、政治家の国政運営上の不備に不満を感じる場面が増えてきているということだろうと思います。

ロシアの侵略を受けている中で選挙が行えないことは、少なくとも現時点では過半数の国民が理解していることが各種調査で判明しており、国政に対する不満の高まりと各種選挙を求める声の大きさは、必ずしも一致しているわけではないことも大切な特徴だと思います。

ただし、政府、議会、大統領への信頼が時間経過とともに下降している傾向は確認されているので、今後の戦局次第では、何が何でも選挙をしなければならない、という社会の声が大きくなり、政権もその声を無視しきれなくなり、法改正をしてでも選挙を実施することが検討されるような状況が訪れることはあり得ると思っています。

ウクライナから日本に一時帰国して感じた、戦時と平時の社会の違いはどんなところですか？

2023年11月から12月にかけて1か月間、4年ぶりに日本に一時帰国しました。全面侵略開始当初は、戦争が終わるまでは帰国しない、帰国している余裕は全くないと思っていたのですが、戦争の長期化が避け難いことが次第に明らかになると、コロナ禍の間も帰国できなかったし、さすがに両親には会っておかないという思いや、その他の雑務を片付ける必要のために、覚悟を決めて一度帰国することにしました。

なお、全面侵略が始まって最初の数か月は、日本中がウクライナ支持で沸《わ》き立ち、あちこちでウクライナ国旗が掲げられていたけれど、2023年頃にはもうそのような盛り上がった雰囲気は全くないというのは見聞きして知っていました。戦況に大きな変化が見られないまま情勢が長期化すると、人々が自分の関心を保ちにくくなるのは仕方ないことだと思います。

他方で、一時帰国時に東京で様々な専門家や記者の方々と会って話したり、テレビ番組に出演したりしたのですが、皆が現在の戦争の重要性を理解し、丁寧に情勢を追って、各々が出来ること、必要なことをしっかり行っていこうという確固たる意志を持っていることを感じることができ、非常に頼もしく思いました。今後現在の戦争に大きな動きが生じたとしても、日本社会のどこかにそれまでの情勢の流れを把握している人がいれば、解説することも予想することも可能ですし、地に足のついた議論が期待できます。それを可能にできるだけの情勢をしっかり見ている専門家・記者が日本に多くいるというのは素晴らしいこと、ありがたいことだと思っています。

日本とウクライナの違いについてですが、当然ながら、侵略を現在進行形で受けている当事国とそうでない国との間には、いずれにせよ人々の感覚や認識に天と地ほどの差があります。日本には、時々弾道ミサイルが発射されて、それが着弾して死者が出る、ということは現時点ではありませんし、国内で侵略軍が領土を奪い続けており、自衛戦を余儀なくされており、国民の一部が徴兵される、という状況もありません。原子力発電所が占拠され、火力発電所や水力発電所が攻撃されて、国内で深刻な電力不足が生じ、計画停電が毎日行われるということもありません。

これまでにも話したように、ウクライナで暮らす人たちは、仕事をしていても、デートをしていても、スポーツをしていても、料理を作っていても、常に、継続する侵略、ある日唐突に自分や身近な人に訪れるかもしれない死、ロシアから恒常的に向けられる敵意・殺意、深い霧の中にある全く先の見えない未来、封印・抹消されてしまった夢、占領地で起き続けているかもしれない凄惨《せいさん》な出来事……といった「戦争の要素」が生活の中、頭の中のどこかに確固として存在しています。

日本の人々も、仕事や将来の心配、恋愛の悩み、家計や健康の不安、子供の将来のこと、といった多くの悩みを皆が抱えて生きていると思います。これに対して、ウクライナの人々の場合は、その日常的な生活の悩みに加えて、さらに「戦争」という、他国によって押し付けられ、個人では容易には抗《あらが》えない理不尽で絶望的な現実と、それが生活のあらゆるところで生み出し続ける負の影響も抱えているわけです。

ただし、公正を期して言えば、戦争が生み出す不幸があまりに甚大で理不尽なため、それまで抱えていた小さな悩みに苦しまなくなった、という話も時々聞くことがあります。ただし、私は、それは、砲撃で負傷して大量に出血している人が瞬間的に虫歯の痛みを感じないような状況と似た話で、小さな方の問題自体が消えたわけではないとも思っています。

他方で、ミサイル攻撃のない日にキーウの町中を歩くだけであれば、カフェもレストランもパブも賑やかで、通りや公園の人の数も全く少なくなく、パン屋もスーパーも衣服屋も映画館もスポーツジムも全て開いていますし、音楽・文化・スポーツイベントも開かれています。

一見すれば、日本の生活空間と似ているようでもありますが、その日本とほとんど変わらない「日常」の中で、突如空襲警報が鳴り、徴兵当局の人が徴兵対象年齢の男性に身分証明書の提示を求めたり、時には町中に響き渡る爆発音（ミサイルの撃墜や着弾の音）が聞こえ、前線からある日近しい人の訃報《ふほう》が届いたりするわけです。

今回の戦争に対して、ウクライナと日本の論調で違う点はありますか？

侵略戦争を受けている当事国であるウクライナと、第三者でありながらも政府も社会ロシアの侵略が国連憲章違反であることを理解した上で、ウクライナを基本的に支持している日本は侵略国ロシアを非難して、自衛するウクライナがこの戦争で有利になるように行動する、という大局的な方向性では一致しています。しかし当然ながら、当事者と非当事者という違いがあり、細かな点での物事の受け止め方や考え方の差異は小さくありません。

埋め難い差異は何より、ウクライナの人々は、自国民/身近な人が殺され、領土が奪われ、国の将来を破壊されるという直接の犠牲者であり、その状態に2年半以上置かれているのに対し、多くの日本の人々は、そのウクライナの人々の気持ちに寄り添おうとどれだけ努力しても、日本の人には日本の人の生活、戦争とは全く異なる日々の問題や悩みがあるわけで、露宇戦争のことをウクライナの人と同じように「恒常的」に考えることはできないことにあると思います。ウクライナの人が現在の戦争について考え、苦しむ時間、被害の重みの受け止め方、戦争の行く末や戦後の未来に対する巨大な不安、数千万の人が毎日感じ続けている心の痛みを、日本にいる人が毎日100%共有することは、無理とは言わないまでも、限りなく不可能に近いと思います。

そして、この当事者と非当事者の間に否応なく存在する差異から、両国の間の戦争に関する考え方や論調の差異も生まれていると思います。例えば、「もしウクライナが敗北したら、今の形のウクライナという国が消えてしまうかもしれない」「停戦になったとしても、しばらくしたらまたロシアが軍備を再編して、再び侵略してくるかもしれない」「親族や友人が暮らしている被占領地はもう二度と取り返せないかもしれない」「被占領地の人々をもう金輪際助けることができないかもしれない」「連れ去られた子供たちとはもう二度と会えないかもしれない」という問題を前にした時の悩みの切実さが、ウクライナと日本の間では根本的に異なると思います。

ウクライナの人々は、「領土」を諦めることは、「人」も同時に諦めることであり、国の未来を一部断念することであり、その重み、苦しみ、悲しみを毎日痛感しているがために、簡単に「諦める」ことを考えられずにいるのですが、しかし同時に、実際の事態は、そういう残酷なシナリオへ進み得ることも理解しています。ウクライナの人々はそういう絶望的なジレンマを抱えながら日々生活し、考え、行動しています。

これに対して、非当事者である日本の人々の中でそのウクライナの人々の日々の絶望的な感覚を共有できる人は多くないでしょう。そのため、例えば「ウクライナが現在ロシアに占領されている領土を断念するシナリオ」という考えに至る閾値《いきち》がウクライナと日本の間では決定的に異なる、つまりは、ウクライナの人が口にするのを憚るような悲惨なシナリオについての言及が、日本（や他の外国）からは頻繁に聞こえてきます。これは、良し悪しの話ではなく、当事者と非当事者の感じている痛みの違いから生じる避けようのない差異なのだと思います。同様に、日本から時々「なぜウクライナの人はロシアと停戦したがらないのか」という疑問の声が聞こえてきますが、これも正にそのような当事者／非当事者の痛みの感じ方の違いから生じている論調の差だろうと思います。

なお、私は、常日頃から日本の人に対してこの戦争、ウクライナの苦しみを「他人事として見ない」ように呼びかけています。この侵略戦争を100%ウクライナ人と同じように受け止めることができないことは当然で、そのこと自体はどうしようもないとは思うのですが、それでもウクライナの人々の声に耳を傾けて、彼らの気持ちを考える努力を続けることで、誤解が少しでも小さくなる方が良いですし、そうすることで日本政府がウクライナ支援を続けることに対する日本社会の理解も培われていくのだと思っています。

また私は、日本とウクライナの人たちの相互理解が少しでも進むようにと、普段からソーシャルメディアでは特に、ウクライナの人々の気持ちや考え、論理の組み立て方を日本語で発信することを心がけています。その中で気がついたことが1つあります。それは、日本の人が物事の結果・自らの将来に対して、比較的低めに見積もって行動するのに対して、ウクライナの人たちは最初からかなり高めに見積もる、楽観的な予想を基に行動する傾向があることです。どちらの傾向にもメリットとデメリットがあり、例えば、低めの見積もりで行動すれば、失敗した際に受けるダメージは軽減されますが、他方で行動の大胆さが抑制されて大きな成功を狙いにくくなります。これに対して、高めの見積もりで行動すると成功した時の結果が大きくなる一方で、失敗した時の絶望感が大きくなるわけです。

これは、どちらが良いというわけではないですが、ウクライナの人たちが、日本の多くの人からするとしばしば無謀《むぼう》だと思えるような非常に高い目標を掲げて行動することがあり、そして思いも寄らないような成功を達成することもあれば、大失敗して落ち込んでしまうこともあることは知っておいても良いだろうと思います。

ウクライナのEUへの加盟は、長年多くの外国人が無理だろうと思っていたところ、ウクライナの人たちが決して諦めなかったことで、ついに加盟候補国の地位を与えられ、加盟交渉を正式に始めるところまで来ました（私は、どんな困難があろうとウクライナはどのような問題も乗り越え、周りの人を説得し、いずれはEUにもNATOにも加盟することになるだろうとずっと思っています）。

2023年夏の反転攻勢でもウクライナでは大きな楽観的期待があり、大きな目標の達成について活発に語られていましたが、結局ほとんどの目標が実現されなかったために、社会に大きな失望感が広がる結果になりました。また、ロシアに2014年から占領されているクリミアのことも、取り返せなくても良いと完全に諦めている人はウクライナでは少ないと思います。

戦争を巡る日本の報道に、欧米の報道と比べてどういう違いを感じますか？

私は日本の報道も欧米の報道も網羅的に追うことはできていないので、傾向についてどれだけ正確に把握できているかは自信がないのですが、日本に関して強いて言えば、2014年にロシアがウクライナに対して限定的侵略を開始した際には、日本の報道機関がロシアのプロパガンダに対してかなり脆弱で、ロシアが侵略を正当化するために拡散していた様々なナラティブを、ある程度真に受けているような印象を覚えていました。他にもロシアのことに「詳しい」、あるいはロシア語が理解できる日本の人々が、ロシアのプロパガンダ・ナラティブをせっせと日本に伝えている場面が当時は散見されました。

他方で、日本にはウクライナの言論・情報空間について詳しい人が少なく、戦争の文脈を理解した上で、ロシアによる侵略の被害を受けているウクライナの人々の意見を日本語で伝えようという努力はあまり見られませんでした。「欧米対ロシア」のような雑な見方も少なくなく、侵略される当事者であるウクライナ側からの見方がしばしば欠けていたと思います。

その当時と比べると、2022年2月24日以降の日本の報道は、ロシアが発信を続ける偽情報やプロパガンダに対して強い警戒心を持って接しており、必要に応じて情報のファクトチェック（真偽検証）も行い、侵略戦争の犠牲者であるウクライナ国民に寄り添って、彼らの多様な声をしっかり伝えようとしていると思います。

この日本の報道の変化について、私は以前論考を発表したことがあるのですが、その理由の1つは、2014年以降ロシアが偽情報を長年発信し続けてきたことで、国際社会にロシアが偽情報を恒常的に流している国だという理解が生じたことだと思います。その際には、毎日新聞の真野森作記者や日経新聞の古川英治記者（当時）のような方々が、ウクライナを繰り返し訪問して、丹念な取材を通じて、ロシアが流してきた嘘を丁寧に暴いた上で、2014年からのロシアの対ウクライナ侵略戦争の実態を解説する書籍を日本語で出版されたことが重要だと思います。そして、彼らの取材結果を日本の研究者が読み、情勢への理解を深めた上で、全面侵略が始まるまでの期間に専門的な議論を重ねてきたことも、日本の報道・言論空間に大きな影響を与えました。

全面侵略が始まってからすでに2年半以上経過しており、日本での露宇戦争の報道は当初に比べれば随分減ったと言われますが、それでも、日本の主要報道各社は、重要な局面では必ずこの戦争について詳しい報道をしていると思いますし、専門家の間の議論は今でも十分詳細で、活発だと思います。特にアジアの他の国の言論空間の状況に比べれば、日本の報道機関は間違いなく今でもこの戦争を最も深く、真剣に報道していると思います。

ウクライナと日本の報道の主な違いは、両国国民の関心の違いからきていることが多いと思います。例えば、日本の報道は、日々戦争を生きる中で一般市民が何を考えているかに焦点を当てることが多いのですが、ウクライナではそれは「皆が知っていること」に該当するため、あえて町中の一般市民の声を取り上げて伝えることはあまりありません。ウクライナでは、新しい動員法の詳細、政府や国会の決定、社会で起きる大小様々なスキャンダル（汚職犯罪含め）、新しいレストランやカフェの開店、計画停電の予定、細かい戦況、構造改革の内容、EUとの加盟交渉の展望、著名な軍人や専門家、ボランティア活動をする人々のインタビュー、というようなウクライナの人が状況・情勢を深く理解するための報道が多いのですが、それは日本の人にとってはしばしば細か過ぎるものだと思います。

戦争を経てウクライナの国や社会はどのように変わりましたか？

ロシア・ウクライナ戦争の始まりは2014年で、そこからの変化は膨大《ぼうだい》ですので、ここでは主に2022年2月24日以降の戦争の全面侵略局面での変化に限定して話します。

一番大きな変化は、当然ながら社会全体のロシアに対する見方が決定的に悪化したことだと思います。2014年のロシアの限定侵略時にも同様の傾向はあり、ロシアという国、ロシアに関係する文化、言語、ロシア製品といったあらゆるものに対する嫌悪感が一定程度高まったのですが、当時はまた、ロシアを連想する全てのものを徹底的に忌諱《きい》する人の他にも、ロシア政権は悪いが戦争と文化・言語・一般国民は関係ないと考える人、さらにはそもそも戦争が起きたのにはロシアだけでなくウクライナにも悪いところがあった……という見方まで、ウクライナ社会の中で相対的に様々な意見が見られました。

これに対して、2022年2月以降は、ロシアに関する一切を拒絶するような非常に強い否定的な見方がそれまでとは比べものにならないほどに増えました。もちろん、今でも皆が皆一様の見方を持っているというわけではないのですが、ロシア語を使う人の減少やロシア文化の拒絶は以前よりはるかに目立って見られます。ロシア語を使用する人の減少は2014年にも見られた現象ですが、当時ロシア語は自分の生活言語であって、簡単に切り離せるものでない、ロシア語を話すことはロシアを支持することを意味しないと主張してロシア語を使い続けた人たちが多くいました。それが今回は、問題の根幹はそもそも18世紀にウクライナがロシアに植民地化されたことだとの認識が深まり、「もう二度とロシア語は使わない」と宣言して、ウクライナ語だけを使うようになった人が以前よりも目立って増えています。

ただし、今でも言語に関する考え方は人・地域によって変化の程度が大きく異なります。例えば、私の肌感覚では、キーウでは街中で聞こえる割合は、2013年頃は9割がロシア語、2014年以降は7、8割がロシア語だったように思いますが、2022年以降は、ざっくりと6、7割ぐらいはウクライナ語になっているように思います（あくまで肌感覚です。きちんと調査すれば全く違う結果になるかもしれません）。南部のオデーサでは、2013年頃はウクライナ語を聞く機会はほぼゼロで、2014年以降は稀にウクライナ語を話す人を見かけるようになったなと感じる程度（数％）だったのが、2022年以降は、1日街を歩いて、ウクライナ語を耳にする機会はもはや珍しくない（1割ぐらいはいそう）、という感じです。東部のハルキウも、以前はオデーサ同様、ウクライナ語を聞く機会は極めて稀でしたが、今では町中で1、2割はウクライナ語を聞くように思います。

なお、繰り返しになりますが、多くの人がウクライナ語もロシア語も話せる状況は変わっておらず、今もロシア語を中心に生活している人でも、以前よりウクライナ語を話す機会が増えたということもあり得ると思いますし、ウクライナ語を中心に生活し出した人も、場合によっては今でもロシア語を使うという話は時々聞きます。

文化に関しては、ロシア古典文学を含めてロシア語で書かれた書籍を全て処分した人の話をしばしば聞きますし、町中の「プーシキン」「トルストイ」といったロシアの作家の名前がついた通りや広場の名前が社会の猛反発を受けて改名されました。なお、2014年以降もロシアの侵略への反発として、ソ連的・共産主義的な地名の改名が行われたのですが、2022年の全面侵略開始以降は、この現象がさらに進んでロシア的なもの全般への否定的な感情が急激に高まったと言えるでしょう。

もう1つ面白い現象が、アイデンティティの変化です。世論調査を見ると、2022年2月以降、民族（エスニック）的にはロシア人のウクライナ国民の約8割が自らの第一アイデンティティを「ウクライナ人／国民」だと考え始めていることがわかっています。中には、「私はロシア人としてのアイデンティティを捨てた」と宣言している方もいるほどです。今回の侵略戦争によって、自らの帰属を再選択・再認識した人、あるいは、自分の中のウクライナ性を以前より強く感じるようになった人がたくさんいるということでもあります。

軍に入隊して戦死した私の友人は、自分の部隊には、民族（エスニック）的にはロシア人の仲間がいるけれど、俺は彼のことをウクライナ人だと思っていると言っていました。これは、世論調査でも見られる傾向で、民族的出自（親が〇〇人）ではなく、価値の観点から自分のことをウクライナ人だとみなしているならその人をウクライナ人として認める、という、個々が主体的に選択したアイデンティティを周りが尊重する傾向がウクライナ社会で顕著に見られるようになっています（なお、私は、このウクライナ人のアイデンティティ認識の変化について、以下の近刊予定の書籍に詳しい論考を寄稿しました。赤尾光春・原田義也（編）『ウクライナ文化の挑戦――激動の時代を越えて』（幻戯書房））。

その点につき、卑近《ひきん》な例になりますが、私は、複数の友人から「タカシは、自分のことをもうウクライナ人だとみなしていない？」「私にとってあなたはもうウクライナ人だよ」と言われています。価値や考え方の一致／近さからして、あなたは「私たちの仲間だ」という意味で「あなたはウクライナ人だ」と（冗談ではなく）言うのですが、民族（エスニッく）的には紛れもなく日本人、アジア人で、外見も全くもって外国人にしか見えない私ですら、人によっては「あなたをウクライナ人として受け入れる」準備を示しているというわけです。これも、戦争がウクライナ社会にもたらした面白い変化だなと思っています。

戦後復興に一番必要なものは何でしょうか？

難しい質問ですが、安全と金と人でしょうか。

すなわち、ロシアの再侵略が生じないことを確実にするための安全保障と人々によるその安全の実感、戦後の経済発展にとって重要な（その安全をもとに生じる）外国資本の流入、経済活動の基本となる労働力、とりわけ国内に避難していたウクライナ国民の帰国が短期・中期的な期待でしょう。そして、中・長期的には「安心して暮らせた上で、ウクライナの発展に希望と幸福を感じながら、住民が出産・子育てを望む」ことができるようになる環境作りでしょうか。

少なくとも、国の安全と社会・経済の発展は密接に結びついています。単に建物を再建する、町、国を復興するだけで安全が生じるわけではないことは言うまでもなく、侵略を繰り返すロシアがウクライナを国家として破滅させようと支配しようという確固たる野心を持っている以上、たとえ一時的に停戦が生じたとしてもウクライナには安全の実感が生じません。そして、その安全の確保がなければ、外国企業は深刻な再侵略リスクを考慮して、ウクライナへの投資を躊躇《ちゅうちょ》しかねないですし、国内にいるウクライナ国民は「今住んでいる町は本当に安全なのか、ここで子育てをすべきか」という疑問を抱き続けなければなりません。国外に避難したウクライナ国民も「ウクライナへ帰国すべきか、それとも避難先で長期的な生活を構築するべきか」という難しい選択に直面します。停戦が即平和となるわけではないこと、将来の安全なき「かりそめの平和」が国を緩やかな破滅に追いやるおそれがあることや、あるいは再侵略に結びつく可能性があることは、「何が何でもとにかく即時停戦すべき」と訴える外国人にはよく考えてもらいたいと思います。

ウクライナの安全保障を考える上では、NATO加盟ができれば最も理想的ですし、現在約8割のウクライナ国民がNATO加盟を支持しています。加盟に向けて細かい条件の決まっているEUと異なり、NATOは1952年のトルコ加盟のように、NATO加盟国をその時々の地政学・安全保障環境に応じて政治的に決定する可能性もある機構なのですが、逆に同じ理由で、ウクライナがいつまでも加盟を認められない可能性もあります。いずれにせよ、侵略を受け続けているウクライナのNATO加盟がすぐに実現する可能性は小さいですし、現在ウクライナはNATO加盟までの間の暫定的な安全を確保するために、日本を含む多くの国と二国間の安全保障分野の協力協定を締結しており、ロシアによる将来の再侵略を抑止するための様々な努力を重ねています。

外国からの支援で特に効果を上げているものは何ですか？

前線地域、前線隣接地域、占領から解放された地域では、各国政府から資金を受け取った国連諸機関や赤十字国際委員会、国内外のNGOによる食料品や医薬品などからなる人道支援が住民の生活を支え、復興を後押ししています。これらの人道支援は、直接的な被害が出ている地域、近隣での戦闘により物流に障害の出ている自治体の住民にとっては非常に重要で大きな効果を出しています。

他方でキーウのように、喫緊の被害がミサイルの着弾に限定されるような町では、これら食糧や医薬品の配布の恩恵を感じる機会はほとんどありません。また、ウクライナ政府に対する財政支援も甚大な効果を生んでいるのですが、この支援は政府の活動を支えるものであり、もちろんウクライナ国民皆が裨益しているのですが、人々がこの支援の恩恵を直接肌で感じるのは難しいと思います。他には、ロシア軍がウクライナ各地の発電所や変電所を破壊している中で、日本政府も実施している発電機やガスタービンなどの機材を提供するエネルギー支援は、ウクライナの停電時間を短くする重要な効果を出しています。

その中で、恒常的な戦争状態にあるウクライナの国民全員が現在までその恩恵を最も直接的に感じているのは、殺傷・非殺傷性装備品からなる軍事支援だと私は思っています。諸外国がウクライナに供与した兵器により、戦況が大きく改善し、(自分たちの身近な人々でもある) ウクライナ軍人の戦場での生存率が高まり、ロシア軍の侵攻を食い止め、被占領地を取り返すことができるようになっていること、防空システムによりロシア軍が発射するミサイルや自爆型無人機を撃墜できるようになり、着弾の頻度が全面侵攻開始当初より著しく下がったことを実感しています。

そのため、欧米諸国がウクライナへの西側の戦車や戦闘機、最新の防空システムの供与を発表した時は、ウクライナ中の国民が大きく歓喜しました。当然ながら1人1人の置かれた状況によってその感じ方は違うでしょうが、それでも現在大半のウクライナ国民にとって最も不安を感じているのは、「明日どうやって生き延びるか」よりも、「ウクライナは今後どうなるか？　将来の自分の生活や子供の未来はどうなるか？」であり、その戦争の展望に最も大きな影響を及ぼすのは、人道支援ではなく、軍事支援であるということを、人々はよく理解しています。先述の電力インフラの復旧も現在は注目されていますし、もちろん重要な支援なのですが、ウクライナで圧倒的な注目を集めるのは今後も引き続き軍事支援だと思います。そのため、日本の支援の中でも、自衛隊車両のような非殺傷性装備品の供与の発表は、特に大きな注目を集め、感謝の声が大きく聞かれます。日本による防空システム供与の実現を待望する声は今でもしばしば聞かれます。

世代間で戦争に対する捉え方の違いはありますか？

私は、第二次世界大戦を知っている世代の人と話す機会があまりないので、それほど詳しくないですが、キーウ州から国内西部へ避難した女性の方と今回ロシアの全面侵略が始まった時に少し話す機会がありました。その方はナチスドイツのキーウ占領時にも避難したことを記憶していると述べ、今回人生2回目の戦時避難を経験していると笑っていたのが印象に残っています。

ナチスの侵略と今回のロシアの侵略の両方を経験し、その2つの侵略を重ねて見ている方はたくさんいるのではないかなと思います。

戦費はどのように賄っているのでしょうか？

この点では、諸外国からの財政支援が決定的な役割を担っています。

この分野は私は詳しく追っていませんが、公共料金の値上がりも戦時中は抑えられていると思いますし、総じて国民、特に低所得者層が全面戦争によって生活できなくなるような事態を回避する措置がとられているように感じています。また、ウクライナは国際通貨基金（ＩＭＦ）、世界銀行などの国際金融機関からも融資を受けています。そのため、仮に、ある日これらの支援が全て止まるということは（現状考えられませんが）、ウクライナが、軍事面だけでなく、財政面でも全く立ち行かなくなることを意味します。

なお、だからといって、ウクライナ政府が戦時下でめちゃくちゃな経済運営をしているというわけではありません。ゲオルギエバＩＭＦ専務理事は、戦時下のウクライナ政府による経済管理を度々賞賛しており、２０２３年10月にも、戦時下でも続けられているウクライナの構造改革と政府や中央銀行によるマクロ経済・金融政策を高く評価した上で、ウクライナの経済復興がＩＭＦが予想していたよりも早く進んでいると発言しています。

新型コロナウイルス対策と戦争との兼ね合いはどうでしたか？

全面侵略が始まってから、しばらく人々は新型コロナウイルスのことは完全に忘れていましたし、ワクチン接種をした人もしていない人も避難して国中で大移動が生じたので、感染が拡大した可能性はあるのかもしれませんが、さすがに政府も報道機関もそれどころではなくなっていたので、避難時にどれぐらいコロナ感染が広がったかは私は全く聞いていません。

ただし、ウクライナ政府の管理下にある地域では希望者に対するワクチン接種は当時も続いていましたし、ロシアの占領から解放された地域でも、2か月ほど経つとワクチン接種が再開されました。

「ウクルインフォルム」の報道を読み直してみたら、全面侵攻直後にロシアに領域の一部を占領されていたウクライナ北部チェルニヒウ州では、2022年5月下旬にはコロナワクチンの接種が再開され、1170人がファイザー製ワクチンを接種したと伝えられていました。人づてに前線にいるウクライナ軍部隊の間でコロナ感染が広まったという話も聞いたことがありますし、想像するに、防衛するウクライナ側も侵略するロシア側もある程度は感染の広がりがあったのでしょう。ただし、それは戦局の大勢に影響を与えるほどの決定的な事態になることはなく、次第にウイルスの弱毒化が進んで収束したのだろうと思っています。

写真家だからこそ、ニュース編集者だからこそ気づいた、ウクライナ社会の隠れた変化はありますか？

全面侵略が始まってからしばらくの間は、ニュースを書く仕事が忙しくてろくに写真を撮ることができなかったので、今になって少し後悔しているんですが、それでも写真はできる範囲で撮るようにしています。

私は、戦時下のウクライナで撮る写真は全て「戦争の写真」だと話しています。それは、前線の写真でなくても、ロシアの攻撃を受けた建物や人の被害の写真でなくても、街や自然の景色、カフェの雰囲気、身近な人の表情、その1つ1つが全面侵略戦争を受けるウクライナのその瞬間のありのままの現実の記録だと思うからです。無傷の建物の写真は、「戦時下のキーウでミサイルが着弾しなかった建物」の写真であり、これから壊されるかもしれない建物の写真であり、「友人とご飯を食べる写真」は楽しそうな顔、美味しそうな顔をしていても、間違いなく戦争のことが頭のどこかにあるし、3年前の表情と、今の表情は決して同じではないし、疲れだったり、希望だったり、不安だったり、決意だったり、束の間の幸せだったりが顔のどこかに滲《にじ》んで見えます。

私は、明日も来月も来年も3年後も10年後も彼らの写真、ウクライナの日々の写真を必ず撮りたいですし、写真家だから気付ける変化というものがあるならば、それは今、日々撮り続けている写真を、しばらくしてから見返した時にようやく気付けるささやかながらも大切な変化だと思います。

そして、この本に書いているテキストにも似たところがあります。些細《ささい》なこと、一見すると取るに足らないことであっても、それは何か大きなことの一部を構成し、全体を理解するために大切なことだったりする。この歴史的で、凄惨で最悪で、絶対に忘れてはいけないロシアの侵略戦争、それに対して声を張り上げて助けを求め、文字通り命をかけて立ち向かっているウクライナの人々のこと、あるいは疲れ果てて声をあげられなくなりながら、それでも何とか前を向いて生き続けている人々のことを、写真でも文字でも、できるだけ細かく残しておいた方が良い。今メディアでは大きな注目を集めないような小さな情報であっても、誰かが撮って、書いて、記録し続けておけば、いつか誰かの役に立つかもしれないし、今はほとんどの人が気付いていないような変化が後で大きな意味を持つかもしれない。そう思いながら、私は記録を続けています。

そういえば、昨年末に日本に一時帰国した時に、それまでに撮った写真で小さな写真展をしたかったんですが、遠隔で展示会場を選んだり、写真データをプリントしたりするのが大変で断念したんでした。実際日本滞在時は他の用事がたくさんあって、それどころではなかったんですが、いつか今撮っている写真も何らかの形で見せられる日が来ると良いなと思います。

第3章 戦時下エッセイ

ウクライナの友人たちと戦争

ロシアによる全面侵略が始まってから、新しく誰かと出会った時に、自然と、しかし、必ず話題になるのが「2022年2月24日以降、何をしたか」である。

人から話を聞けば聞くほど、侵略が始まってからの人々の行動、経験、考え方、決断が実に千差万別であったことがわかる。予想外の事態に混乱して泣き出して何もできなくなる人、マリウポリのように即日ロシア軍が町に侵入してきたために、町から即座に逃げ出さざるを得なくなった人、すぐに動員当局のところへ行き軍への入隊を志願した人（これは若い男性だけでなく、老若男女様々であり、何でもすると頼み込んだのに断られた人もたくさんいる）、しばらくずっとシェルターに隠れ続けた人、全面侵略が始まったことで長年の国外での生活を終わらせてあえてウクライナへ帰ってきた人、逆に「戦争が終わるまでの少しの間」だと思って国外に避難した人、あるいは違法な手段で国外へ出て帰ってこなくなった人、情報発信のためにパソコンの前で日がな一日作業し続けた人、ストレスによる過食で体重を大きく増やした人、反対に、何も食べられずに体重を減らした人……。

そして、直後の様々な経験や決断は、その後の個々の人生に大きく影響を与えており、多くの人々にとって2022年2月24日はあたかも（強制的に訪れた）人生の重大な岐路《きろ》となっている。ここでは、私が私生活で聞いた友人・知人たちの話を紹介することで、全面戦争がウクライナの人々にどのようなインパクトを与えたのかを、ごく断片的ながらも、伝えてみようと思う。

私には、普段ウクライナ語を使って生活する人の他に、主にロシア語を使って生活する友人・知人も多くいたが、彼らに限れば、その多くがロシア語を「捨てて」ウクライナ語のみを使うようになった。キーウ出身者もクリミア出身者もマリウポリ出身者もハルキウ出身者もザポリッジャ出身者も同じで、言葉を切り替えた彼らは一様にロシアと関係するものを身の周りからとにかく排除したいと述べる。

映像業界で働く友人は、以前はロシア語で自分の歌を作ってバンドで歌を歌っていたのだが、全面侵略が始まってから生活言語をウクライナ語に切り替えた。彼女は、「生まれてからロシア語を使って生活してきたし、私の生まれた中部の町は元々ロシア語を使う人が多かった。ウクライナ語を使うのに不自由はないけど、気持ちの機微を表すのはロシア語でないとできないと思っていた。でも、全面侵略が始まって1か月ぐらい経ってからもうロシア語は使わないと決めて、ウクライナ語を使い始めてみたら、それまで思っていたことは言い訳だったんだと気がついた。私たちは全てのことに慣れる。もう過去の自分の歌を歌うことはない」と言い切っている。最近は、「いつか必要になるかもしれないから」と言って仕事の合間に軍を医療面で側面支援するボランティア団体で戦術的戦傷救護の訓練を受けている。

ブチャのカフェで働く知人は、ロシアに占領される前に町を離れたが、父親は町に少し残ったため、ロシア兵が路上に到着するところまでは目撃した（その後、父親も何とか町を脱出した）。住民の虐殺で知られる凄惨な占領が終わってから、4月中頃に町に戻り、生活を再開する。焼け焦げた町に最初は衝撃を受けたというが、同年5月に会った時に話を聞くと、「でも、それですら2週間毎日通勤で横切っている内に慣れるんだよね」と笑って話す。ミサイルが飛んでくる生活は今でも恐ろしいが、この戦争の終わり方について聞くと、ロシアとの間に妥協も合意もあってはならず、完全勝利以外は何もあり得ない、問題はどれだけ時間がかかるかだけだと訴える。いつかまたクリミアの海へ行きたいと言う。

クリミア出身の友人は、２０１４年当時はまだ未成年で、成人した時には親に言われるがままにロシア国籍の身分証明書を取得、モスクワの大学に入学したが、その頃「自分はウクライナ人だ」というアイデンティティ認識が生じ、2020年にモスクワからキーウへ引っ越し、苦節を経て、ウクライナ国籍証明書を取得。今ではウクライナ語だけを使って暮らし、過去の被占領下クリミアでの生活をウクライナ国内外の人々に伝える活動をしている。彼女は、2022年2月23日に長年交際していたパートナーとついに結婚することを決め、翌日、恋人の両親に報告すると決めていた。その後、ウクライナはクリミアを絶対に取り返せると信じながら、最近はクリミア・タタール語の勉強に力を入れている。

ハルキウは2014年以降もロシア語を聞く機会の方が圧倒的に多い町だったが、全面侵攻以降に訪れた時にはウクライナ語を聞く機会が以前に比べて随分増えた。そのことを地元の人に聞いてみたら、「人を殺されるというのは、全然違う」と返事が返ってきた。確かに、ウクライナ東部の主要都市であるハルキウはロシア国境から非常に近く、全面侵略が始まるとロシア軍は町から約30キロぐらいの地点に押し寄せ、市内北部に向けて榴弾砲や多連装ロケットシステムで激しく砲撃を行った。最初の3か月でハルキウ州全体で160人が死亡、788人が負傷したことが判明しており、その後占領された地域が解放されると占領地でも多くの住民が拷問・殺害されていたことが明らかになった。その中で、ロシア語に対する態度を変える人が増えたということだろう。

ただし、当然ながら皆が急にウクライナ語だけを使うようになったわけではないし、ハルキウ市内を歩けば、ウクライナ語が聞こえる頻度が高くなったとはいえ、今でもロシア語の方がよく聞こえてくる。知り合いのハルキウ出身キーウ在住の建築会社に勤める女性も、今でもロシア語で話す方が楽だと述べる。しかし、彼女は「ハルキウが親露の町だったなんてことは一度もない」と述べ、「ロシア語を話す人が多いから親露」という見方は「偏見」だと訴える。ハルキウで2024年に知り会った2人の方は、1人は2016年から、もう1人は2021年から少しずつ生活言語をウクライナ語に切り替えたと述べていた。彼らは、今ハルキウの通りで聞こえる会話の10~30%がウクライナ語だと思うと言う。

中部出身の友人は、全面侵略が始まるとすぐに軍に志願し、迫撃砲兵としてキーウ州奪還戦に加わった。英語が得意だったことから、イギリスで軍事訓練を受ける機会を得ることができた。自分の部隊には民族的ロシア人もいるとしつつ、「俺はあいつのことをウクライナ人だと思っているよ」と話していた。前線配備での戦闘任務が多い反面、交代での休暇もしっかり与えられていたため、キーウに戻ってきた時には一緒にビールを飲みながら、戦争についてのあれこれを話した。2023年の冬は前線の陣地が寒いというので、日本のカイロを送ったこともある。陣地にロシア軍の砲撃が着弾した時の動画をこっそり見せてくれたことや、迫撃砲の砲弾を入れる筒を前線からのプレゼントとしてくれたこともある。動員のペースも西側の支援も遅すぎる、この調子だと自分は生き残れないだろうと不満を述べていた。

彼の絶望的な予想を聞く度に、私は動員・徴兵は不可欠だし、もっと西側から軍事支援が届けば良いのにという思いを強く抱いた。絶望する彼に、それなら停戦した方が良いと思う？　と聞いたことがあるが、「停戦は、どちらかが勝利し、どちらかが負けた時のみ。この戦争は国家存続の懸かった戦争なのだから」と言い切ったので驚いた。その後、2024年4月5日に戦死。故郷の村で行われた葬儀に私も参列した。死亡時の状況は公表されなかったが、顔には損傷がなく、綺麗なままだった。そういえば、敵に放つ迫撃砲弾に何か書きたいメッセージがあれば書いてあげるよとずっと言われていたのだけれど、結局良いアイデアは思いつかなかった。

オデーサの友人は、総動員令の発令によりポーランドの大学への入学が決まっていた息子が出国できなくなったことに憤り（出国に必要な

葬儀に集まった村の人々

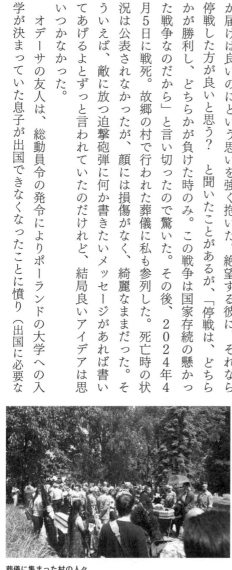

正しい書類を用意したのに、偽造を疑われて出国できなかったと述べていた）、ゼレンシキー政権を徹底的に罵っていた。その数か月後に再び連絡したら、いつの間にか出国して外国で暮らしていた。もうオデーサには戻らないという。出国の手段は聞いていない。

キーウの友人は、ロシア語が大嫌いで、言語問題について穏健な私とは言語の話では意見が全く噛み合わないのだけれど、何だかんだでやりとりを続けている。徴兵されることを恐れながら、他方で、徴兵逃れは国家反逆罪と同義だと思うとも述べる。恐れる理由を聞くと、軍のシステムが不完全なために、自分が入隊しても役立てないかもしれないし、戦争が終わって除隊してもその頃には自分は歳を取り過ぎてしまい、家庭を築くのが間に合わなくなるかもしれないからだと述べる。その彼は、私に向かって「あなたのことは、もうずっとウクライナ人だと思っているよ。ウクライナ国籍を持っていないだけで」と言い続けている。

西部出身の友人は、長年の飲み仲間なのだが、全面侵略が始まってからは、世界各地のビールをかき集めたり、ウクライナ国内のビール会社と協力したりして、「ビール抽選」を行って、友人のいる部隊の支援をしている。「ビール抽選」というのは、ユーチューブで景品となる珍しいビールを紹介し、抽選への参加を呼びかける。そのビールに興味を持った人は、1口200フリヴニャで抽選への参加権を得る。その後事前に決められた日時に抽選会をオンライン中継で行い、ランダム選択のサービスを利用して当選者を発表する。集まった資金は、彼の友人のいる様々な部隊が必要とする物品の購入にあてられるというものだ。これまでにこのビール抽選で車両すら2台購入したという。彼のビール抽選企画はどんどん話題になり、ハルキウのパブに入った時にも彼の写真入りのビラが置かれていた。人々のビールへの愛が軍を救っているというわけである。なお、私はまだ当選したことがないが、そのことは悪くない気がしている。

中部出身の男性は、中等教育の際に学校の先生に勧められてモスクワの大学に入った。先生たちは「ソヴィエト的メンタリティ」を持つ人々で、ウクライナには未来がないから、モスクワの大学を卒業して、アメリカに移住するのが人生の最適解だ、と子供の頃の彼を説得し、彼もそれに納得してモスクワへ進学したのだという。しかし、その後次第に、ウクライナの人々と違い、ロシアの人々が何に関しても自分たちで変化を生み出せると思っていないことに気がつくようになり、失望したと述べる。全面侵略が始まった時には彼はまだモスクワにいたのだが、その後ウクライナに戻ることに決める。「もうロシアには戻りたくないし、アメリカに移住したいとも思わない。今は、ウクライナで自分の手の届く範囲の周りの物事を良くしていきたいと思っている」と前を向く。

北部の村出身の友人は、全面侵略が始まるとキーウ州イルピンにある自宅を恋人と猫とともに離れたが、その住宅街はすぐにロシア軍に占領されることになる。ロシア軍がキーウ州を撤退してから自宅に帰ると、住宅街の多くのアパートではロシア兵に略奪されて物がなくなっていたが、自分たちのところは盗まれていなかったという。彼女は、多分、若い人々が住む住宅街で、ロシア軍人も最初の頃は金目の物を期待して略奪していたが、次第にどのアパートにも大した物がないことに気がついて略奪に飽きたのだろうと分析していた。「荒らされているだろうと思って家に帰ったら、何も盗《と》られていなくて、むしろ略奪された他の住民に対して何だか悪い気がしたよ」と苦笑いしていた。

南部出身の友人は、コロナ禍の前にイスラエルに移住していた。それまでロシア語だけを使って生活していた彼女が、全面侵略開始後、インスタグラムにウクライナ語で投稿することが増えた。聞いてみると、「ずっといつかウクライナ語に切り替えたいと思っていたから。それに、イスラエルに避難してきたロシア国民と同一視されるのは我慢できない。侵略国から逃げてきたロシア人と侵略された国から逃げてきたウクライナ人は同じではない」と憤っていた。最近は、戦争については「新しい現実を受け入れるしかないのではないか」と思うようになってきたと述べる。

キーウ出身の友人は、慈善団体で働いていたが、全面侵略が始まると軍に入隊する。「自分の若年徴兵時の訓練の成績だと、どのみち動員されるだろうと思っていたから」と言う。知的で博識で穏やかな彼が、入隊後はソーシャルメディアに投稿することが少なくなり、時々何か書いても非常に心が弱っているような内容だったり、軍役で感じたことを抽象化した詩を投稿していたりして、私はしばらく心配に思っていた。それが、ある頃から投稿が多くなり、内容もいくらか明るさを取り戻すようになる。戦況が改善され、軍の心理カウンセラーのアドバイスにより彼の任務が代わったことが影響したようだ（あとスターリンクが届いてネット環境が改善したとも言っていた）。しかし、睡眠障害だけはずっと続いているとも言っていた。その彼が「今の配属なら、戦後まで生き残れるかもしれない。私たちを殺すのにミサイルを使うのは高価すぎるし」と笑う。

全面侵略が始まってすぐに、南部の友人の家はロシア軍の占領下に入った。時々話しかけて安否を確認していたが、友人は占領下でも何とか生活ができているとし、仕事はなくなったが本を読んだりして自分の成長のために時間をあてていると述べていた。しかし、その後、ロシアがいわゆる「住民投票」と称するものを実施すると決めた頃に、被占領地からの脱出を決めたという。被占領地からロシア領へ移動し、バルト諸国へ脱出し、それからウクライナ南部のウクライナ政府が管理する別の自治体へと引っ越した。しかし、故郷の自治体には家畜がいるからと言って残った親族もいるという。

クリミア出身の友人は、2014年以降もずっとクリミアに住み続け、時々キーウを訪れていた。私と話す時は、私はウクライナ語、彼女はロシア語でずっとやりとりをしていて、私はウクライナ語はきっと話したくないのだろうと思っていた。彼女は、ロシア政権のことを密かに、しかし強烈に嫌悪していたが、それをソーシャルメディア上で見せることは決してなかった。その彼女も、2022年2月24日以降に、完全にウクライナ語に切り替えた。「元々、クリミアの家でも、ウクライナ語を話すことは時々あったよ、大半はロシア語だけど」と言う。

西部出身の飲み仲間の友人は、全面侵略が始まると、夫と一緒に入隊しようと考えたが、どちらか1人は残って子供の面倒を見なければならないと話し合い、自分は残り、夫だけが準軍事組織に入隊。夫は最初の1年は地方の警備の任務が与えられていたが、その後無人機の操縦士となり、前線の部隊に配属替えとなる。彼女は、彼の同僚から「彼のような能力の高い人材は重宝されるから心配するな」と言われ、安心していたという。しかし、ある日、彼は車両に乗って移動していた時に敵の攻撃を受けて戦死する。彼女は、まだこれからどうして生きていけば良いかわからないと述べる。彼女も以前はロシア語を主に使って生活していたが、今は子供とのやりとりを含め、全てウクライナ語に切り替えている。

全面侵略が始まってから国外に避難した友人は、夏になるとキーウへ戻ってくる。1年目の夏に、キーウへ戻ってくるつもりがあるかと聞くと、戦争が終わったらキーウへ戻ると話していたが、2年目の夏には、「帰るか帰らないか今は五分五分だ」と言っていた。そして、3年目の夏にもう1度、おそるおそる聞いてみたら、「今でも五分五分だよ。避難先の生活には慣れたけど、それでも社会には溶け込めない。彼らと私は違う感じがするし、あそこでは私はいつまでも外国人だと思うから。ここ（ウクライナ）へと引き寄せられている感じはある。今後どうなるかは予想できないけれど……」と吐露《とろ》した。概して、国外での生活が長くなればなるほど、当初の考えとは異なり、生活や人との繋がりが生じるものである。それでもウクライナ難民には、いつかは母国へ戻りたいという強い気持ちを抱いている人が少なくない。戦後、彼らが本当にウクライナに戻る決意を抱けるかどうかは、1つの重要な論点である。ところで、国内に残り、空襲警報に「慣れて」しまった私たちと違い、避難先から一時帰国する人たちは、今も警報に大きく怯える。

マリウポリ出身の友人は、少し日本語を知っていた。彼女とは私がマリウポリを旅行した時に知り合ったのだが、全面侵略が始まると日本へ避難した。それまでは彼女はソーシャルメディアの投稿をロシア語で行っていたが、全面侵略以降はウクライナ語しか使わなくなった。日本で会った時にそのことについて聞いてみると、「私は、ロシア語で話していたけれど、自分の母語は前からずっとウクライナ語だと思っていたよ」と言う。写真が好きな彼女は、自分のカメラをなくしていたため、私は使わなくなった古いカメラをあげた。彼女が日本にいる間に撮る写真も、彼女の人生におけるとても大切な記録になると思う。

また別の、軍人の彼とは戦死した友人の葬儀で知り合った。激しい戦闘の生じる最前線での戦闘を経験しており、「2度命拾いした」と言う。一度は、砲弾の破片が顔の皮膚《ひふ》を貫通して、前歯を砕いたところで止まったと言い、欠けた歯の部分をインプラントで埋められないか考えているようだった。全面侵略が始まる前は、日本文化のイベントに出てはコスプレをして遊んでいたという。キーウ市内の私のお気に入りのラーメン屋の情報を教えてあげたら、休暇中に喜んで食べに行っていた。

全面侵略開始後、私は避難先のリヴィウで、ある時から中部から移動してきた初対面の一家族としばらく同じアパートで一緒に暮らした。彼らは、侵攻当初、自宅のすぐ側までロシア兵が接近し、兵士の声が家の壁越しに聞こえたと話していた。母親が料理がとても上手な方で、当時不摂生を極めていた私のためにもよく食事を用意してくれていた。彼女は、全面侵略前は自宅でウクライナ料理を作ることがあまりなかったとし、「以前は旅行の時に見かけた色々な外国の料理を作ることが多かった。それが今は、ボルシチのような典型的なウクライナ料理を作りたい。自分の根っこを感じたいのかも」と話す。この家族も皆、以前はロシア語を使って暮らしていたそうだが、その頃はもうウクライナ語に切り替えていた。

これらは無数にある話の内のほんのわずかに過ぎず、物語は戦争を経験した人の数、彼らの悩みと決定の数だけある。それは当然のことで、全面侵略を受けたことにより、数千万人のウクライナの人々全員が、自分の人生、国の未来について悩まされ、時にはそれまでとは決定的に見方を変えながら、難しい決断を下しつつ何とか生き続けているのである。

ところで、私は、2024年春に「ブレックファスト」というウクライナ発の「知らない人と朝ごはんを食べる」ことに特化したアプリを使い、20人ぐらいの初対面の人と朝ごはんを食べてみたのだが、彼らとも毎回全面侵略が始まった時に何をしたかという話になった。その際も1つとして同じ話はなく、誰の話もユニークで、聞き入った。

なお、私も全面侵略戦争下のウクライナで暮らし続けている1人の人間であり、新たに知り合う人には、自分の経験や気持ち、自分のささやかな戦争の物語を伝えている。おそらく、それを人々と共有できるからこそ、彼らも私に自分の経験を率直に話してくれているのだという気がするし、その相互伝達プロセスを通じて、侵略戦争の中を生きる者同士の共感が生まれているように感じる。そして、それは、月並みだが、実にかけがえのない経験だと思う。戦争と生活、勝利と敗北、電気と暗闇、悲しみと喜び、怒りと幸せ、希望と不安、生と死、歌と空襲警報、青空とミサイル、コーヒーと睡眠導入剤。そういう平時であれば特に深く考えることのないありふれたことが、戦争の中ではその意味が凝縮されている。

誰かと別れる時には、ひょっとしたらもう二度と会えないかもしれないという小さな不吉な感覚を掻《か》き消すかのように、心から「またね」と述べて、抱きしめ合ってから別れる。大きな不安が常に横たわっているからこそ、小さな朗報が何倍にも大きく感じられる。そういう経験がウクライナにいる人々の間で繰り返されている。

私は、だからこそ、悲しい出来事が少なくないにもかかわらず、全面侵略戦争下のウクライナでの体験や人々と共有できているという感覚、歴史の転換点を生きる人々の心に触れているような感覚には、奇妙な有り難さを覚えているし、どこかで「ここにいられて良かった」という強い思いを抱いている。もちろん、私が今まで生きのびられていることの背景に、多くの人の犠牲があることを決して忘れてはいけないし、侵略が行われなければ良かったことは間違いないのだけれど。

戦時下ウクライナにおける日本

全面侵略戦争を受けるウクライナであっても、色々な娯楽はあることは第1章で述べた。その中で特筆すべきは、アニメやマンガといった日本文化もウクライナの一部の層で引き続き高い人気を誇《ほこ》っていることである。

例えば、キーウ市内にはアニメファン向けの店が複数あり、たとえ空襲警報が鳴っている最中でも客は絶えない。マンガは以前は有志が勝手に翻訳したような海賊《かいぞく》版が見られたが、最近は日本から正式に許可を得てウクライナ語に訳したものが増えてきており、翻訳を手掛けるウクライナの出版社の1つ「MAL'OPUS」は「日本の出版社はなかなか許可を出してくれないが、私たちは負けない！　有名な人気マンガもいつか必ず許可を得て、ウクライナ語に翻訳してみせる」と息巻く。最近では『鋼の錬金術師』や『ヴィンランド・サガ』のウクライナ語版がライセンスを得て出版されており、『極主夫道』『今日のこねこのチー』『さびしすぎてレズ風俗に行きましたレポ』といった比較的新しいマンガも翻訳されている。最近は『ダンジョン飯』の翻訳が発表された。

『美少女戦士セーラームーン』や『新世紀エヴァンゲリオン』などは、インターネットが広まる前からウクライナのテレビで放送されていたので、多くの人が知っている。

全面侵略が始まる前、ロシア軍が国境付近に部隊を集結させて、すわ再侵略かと言われ、徐々に緊張感が高まっていた頃に、ウクライナ語ツイッターであるユーザーが「何か心の落ち着くような穏やかなアニメを紹介して欲しい……戦争ものでなく」と呼びかけたところに、他のユーザーが「エヴァンゲリオンを見ると良い。宗教とかがテーマの面白いアニメだよ」と意地悪なリプライをしているのを見かけて笑ったことがある。私自身も、ウクライナの人々から「日本からの軍事支援としては、一機で良いからエヴァを送ってくれないか……」という「戦争ジョーク」を何度も投げかけられた。

『カードキャプターさくら』が好きで、ソーシャルメディア上のニックネームを「サクラ」

にしている友人もいるし、「ナルト」「デジモン」「チェンソーマン」「ヒロアカ」「呪術廻戦」等といった色々なアニメが見られている。最近はオンラインで視聴する人が多いが、新海誠《しんかいまこと》の『君の名は。』やスタジオジブリのアニメのように、ウクライナ語に吹き替えされて映画館で上映されることもある。

　またウクライナの軍人は皆、短いコードネームを持つのだが、その中には「ツナミ」「ナルト」「シノビ」「ヘンタイ」「メグミン」といった日本由来のものがしばしば聞かれるし、綾波《あやなみ》レイやピカチュウのパッチを軍服に付けていたりすることもある。ある女性軍人は、「軍の中にはアニメが好きな人が多い」と明かしてくれた。幼少期、下校後に日本のアニメを見て育った人が多い世代らしい。今武器を手にしてロシアの侵略に立ち向かうウクライナ軍人の多くが普通の日本アニメファンであるという現実は、日本の人こそ知っておくと良いと思う。

　キーウの町中を歩いていたら、日本語の書かれたTシャツを着た人を見かけることが割とよくある。それは今や世界中で見られる現象であり、戒厳令下のウクライナだから珍しいとは言えないのかもしれな

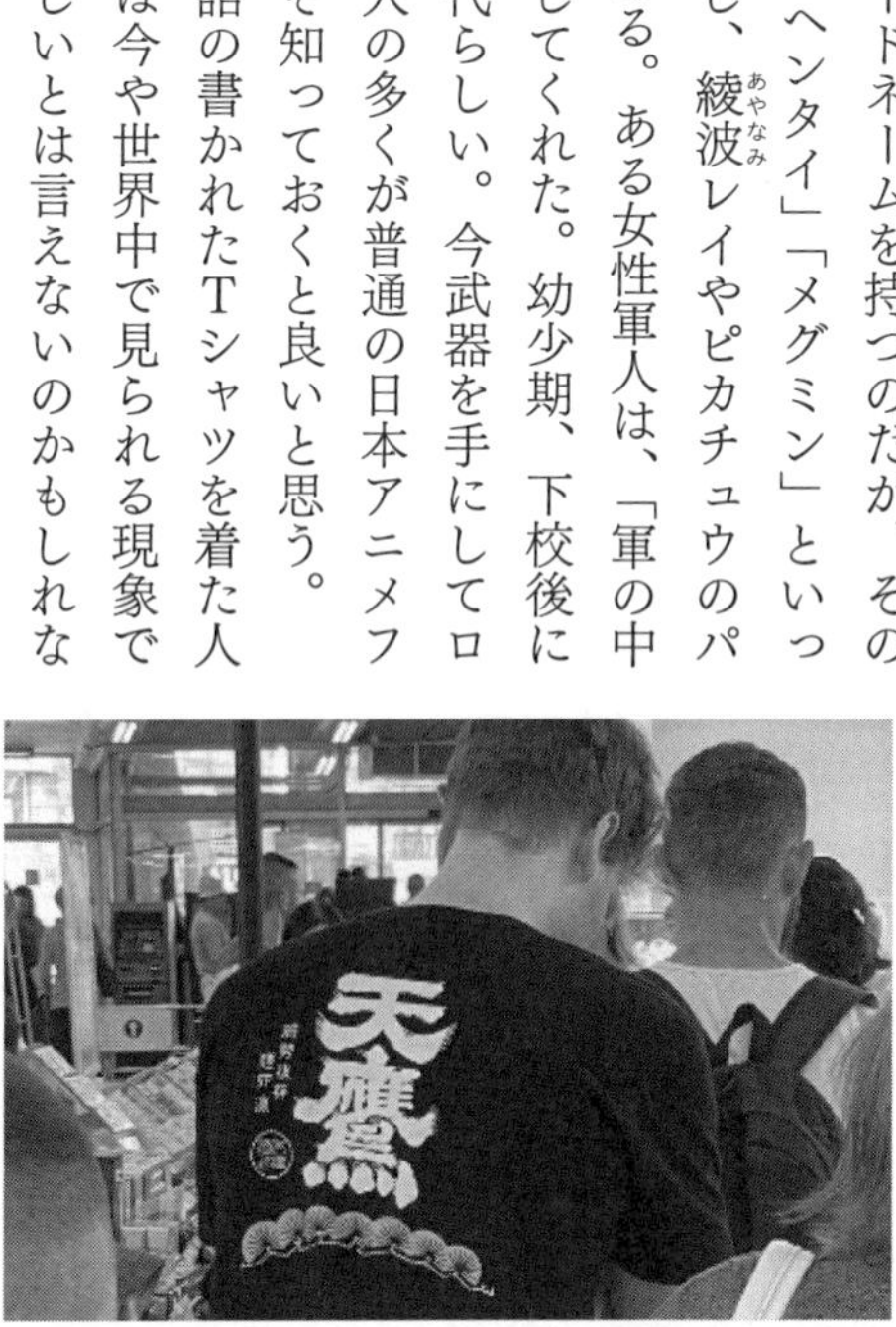

「天鷹酒造」と書かれたTシャツ

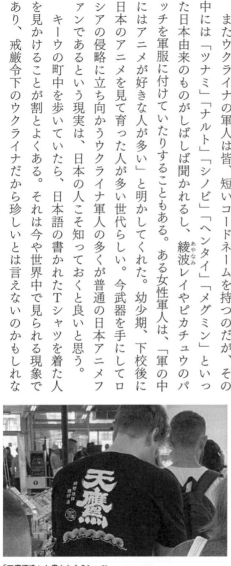

いが、それでも時々びっくりする内容のものもある。最近では、スーパーで栃木県の「天鷹酒造」のTシャツを着ている人を見かけて驚いたし、手書き文字風でびっしりと「私のせいだ」と書かれた、自責の念の強い感じの何となく呪われそうな靴下を履《は》いている女性も見かけた。「木漏れ日」とプリントされたTシャツを着ている方も見かけたが、そういうウクライナ語に同じ意味の単語がない言葉をまとっている方には、なかなか筋が良いと思わされる。

キーウのカフェでは、時々1970年代後半から1980年代にかけての日本のポップミュージック「シティ・ポップ」がかけられているのだが、音楽に詳しい友人に聞いてみたら、「私にとっては、西側の音楽と日本のメロディーが混ざっているのが、慣れ親しんだ感じと違ってとても面白いし、心地良いし、生活の中でBGMとして聞くのにちょうど良いシンプルさなんだ」と説明してくれた。

過去数年キーウでラーメンがよく食べられていることは第1章で話した。キーウでもリヴィウでも、ラーメン屋は互いに腕を競い合っており、ウクライナ人の間では「どのラー

「私のせいだ」と書かれた靴下

メンが一番美味しいか」という議論がしばしば白熱する。他にも、おにぎりを販売しているブランド2社が競っており、米の質の改善や新しい具の開発に余念がない。売られているのは大体カフェで、冷蔵ケースの中にチーズケーキやブラウニーと並んでおにぎりが鎮座しているのだ。味噌汁《みそしる》はだいぶ定着しており、枝豆も着実にファンを増やしている（ただし、日本の居酒屋のように塩をまぶすだけではなく、チリソースのような濃い味付けで出されるのが一般的）。

抹茶ラテはとっくの昔に定番となっているのだが、キーウのカフェには抹茶に特化した色々な種類の抹茶を楽しめる店も出てきている。カフェの人に、店で使っている茶筅や茶碗《ちゃわん》はウクライナ語で何と呼んでいるのかと聞いてみたら、「チャセン」「チャヴァン」と転写のままで呼んでいるとの返事が返ってきた。日本茶を愛する方に教えてもらったキーウ市内の日本茶専門店に入ると、かっこいいグラスで冷たい玉露《ぎょくろ》が出てきて新鮮だった。建築分野で働く友人は、「ワビサビ」スタイルに加えて、最近は日本らしさと北欧らしさをミックスさせた「Japandi」というインテリアスタイルが注目を浴びていると語る。

ワイングラスで提供される玉露

日本文化がウクライナの人に好かれている理由は、もちろん遠く離れた国の独自性の高い文化への関心が第一だろうが、同時に、ロシアからの全面侵略戦争が始まってから、日本の政府も社会もウクライナを真剣に支援、応援してきたことも背景にあると思う。ウクライナが国家存亡の危機に直面した時に、日本というはるか遠くの国がこれほどまで寄り添って支えてくれている、ということが、日本のことをもっと知りたいと思うウクライナ人を増やしており、日本文化に対する愛を強めているのだろう。もし日本がこの戦争に際して中立的で曖昧な態度を取っていたら、ウクライナの日本ファンの間にはきっと失望が生まれていただろうと思う。今では「日本のこと、日本の人たちのこと、彼らの生活スタイル、美的感覚、日本のウクライナ支援のことを知れば知るほど、驚きと感動を覚える……」「この戦争が終わったら、日本に行くという夢を必ず叶えるつもりだ」と述べる人々がウクライナにはたくさんいる。

全面侵略戦争という絶望的な苦難の中で、日本文化がウクライナの人々にとってのささやかな心の支え、希望になっているというのは、とても嬉しいことである。

「全面戦争を暮らす」中で痛感することの1つは、人は信じ難いほどにあらゆることに慣れるということである。空襲警報は言うまでもなく、ミサイルが自分の町に飛来することや、さらには窓が振動するほどの爆発音にすら、私たちは慣れる。私は、ややもすれば人の死にすらある意味で鈍感になっているのではないかと思うこともあり、ふと冷静になって空恐ろしく思うことがある。ただし、それもひっくるめて、ひとえに人はあらゆることに慣れる生き物だということであろう。私たちは、「侵略戦争」という不当で残虐な現実にすら、幾《いく》ばくか慣れてしまっている。ウクライナに暮らす人も、私も、外国にいる人々も。

侵略の中を生きることなど決して望んだことはなかったが、その中を生きることになった以上、私は、戦時下のウクライナに暮らす一人の人間としても、一専門家としても、日本の人たちにできるだけ十全な形でこの戦争の姿を伝えなければいけないという、いくらか使命感に似た思いを抱いていた。しかし同時に、私は、戦時下の生活に否応なく慣れてしまっており、感覚が次第に鈍り、現時点でこの戦争について日々の報道以外に何を伝えれば世の人々の役に立つのかがよくわからなくなっていた。しばらくそんなジレンマを覚えていた。

そんな時に星海社の編集者の片倉直弥さんから連絡をいただいた。片倉さんが送る質問に私が答える形で本を書いてみるのはどうかという提案は、上述のジレンマを解消するものだろうと思い、執筆を承諾した。最初に質問リストをいただいた時には、自分一人では到底思いつきようのない質問が多くあり、なるほど、日本にいる方々はそんなことにも興味があるのかと、膝を叩くような新鮮さを感じた。絶妙な客観的視点のアイデアを提案してくださった片倉さんにはこの場で改めてお礼を申し上げたい。

また、この本を比較的安全な状態で書けたのは、何より戦場で命を賭して敵と戦っている ウクライナ軍人や、彼らの戦闘をできるだけ有利にするために外交場裏で闘っている政治家や外交官、軍人を支援している多くのボランティアや一般の方々の日々の努力、さらには日本を含む、ウクライナを支えてくれている世界中の方々のおかげである。現在の状況がこの本で描写したものとは全く違うものになっていた可能性は十分にあったし、当初は、この本を書き切れるかどうかも情勢の展開次第だろうと思っていた。しばしば爆発音の響くキーウにて、この本を無事に書き終えられたことの背景には、無数の人の尽力、文字通りの死闘があることを忘れるわけにはいかない。感謝は尽きない。

その上で改めて、この本だけを読んでも、ロシア・ウクライナ戦争の全体像は摑《つか》めないことは付言しておきたい。この戦争が歴史、国際政治・国際秩序、日本にとって持つ意義も、軍事的な分析による戦争の展望も、ブチャ虐殺をはじめとするロシア軍による無数の戦争犯罪・人道に対する罪の詳細も、2014年前後から現在までの戦争を取り囲む文脈も、日本における戦争を巡る言論に見られる様々な問題点も、ロシアという国が侵略を有利にするために世界中で行っている諸工作も、この本は語らない。それら戦争に関する主要な論点は、他の専門家の方々が日本語で優れた発表をなさっているので、彼らの発表物を読むことをお勧めする。

その中で私は、この本では、それら重要な議論の間に否応なく生まれる情報の隙間《すきま》を埋めることを心掛け、それを通じて生じ得る不要な誤解や偏見を防ぎ、ウクライナの外にいる人々でも戦争の全体像をより的確に描けるよう、戦争を生きる人々の心の機微をより丁寧に想像できるようにすることを目指した。この本はそういう補完的な役割を持つものだと思っている。場合によっては自らの主観に基づいて書いた部分もあるという自覚はあり、同じ質問でも人によって異なる返答が返ってくることはあると思う。それでも手探りながらも自分の肌感覚を含めて、私がウクライナで仕事や生活をしながら知り得たことをまとめた意義はあるだろう。情報の穴を網羅的に塞げたとは思わないが、ある程度は目的を実現できたと思うし、読者の方々が露宇戦争の実態への理解をいくらかでも深められたと感じてくだされば、とても嬉しい。なぜなら、自衛戦争を今も戦うウクライナの人々にとっては、外国の人々が理解と関心を失うことこそが絶望的なシナリオの1つだからである。

私は、何度も悲劇に見舞われながらも、その度に立ち上がる魅力溢れる国ウクライナについて日本の人々に伝える活動を以前から続けており、前著『ウクライナ・ファンブック』もその一環で執筆した。そして今次戦争においても、私は「ウクライナを知ること」こそが最大のウクライナ支援になると訴えている。なぜなら、知識や理解を通じてこそ、人は、ウクライナのために次に何をすべきか、何をしたいかについて、自分でより積極的に考えられるようになると思うからである。この本もまた、どこかで誰かの「ウクライナを知ること」の一助となることを願っている。

最後に。ウクライナでは、全面侵略が始まって以降、ウクライナ語の動詞 жити（ジーティ、生きる／生活するの意）と名詞 життя（ジッチャ、生活／命の意）を合わせて「живу життя」

（ジヴー・ジッチャ）という言い方を聞く機会がかなり増えた。要は「私は生活している」という意味で、本来なら名詞抜きで、動詞「ジヴー」だけでも意味は通じるのだが、あえて名詞を足すことで「（自分の思うあるべき／生活らしい）生活を送っている」のような強調表現となっている。この本の副題「戦争のある日常を生きる」は、このフレーズの存在を少し意識した。私たちは、戦争のある中でも、生活（日常）を送っている。それもまた、この侵略に対する私たちの一つの戦いである。

星海社新書
318

キーウで見《み》たロシア・ウクライナ戦争《せんそう》

戦争《せんそう》のある日常《にちじょう》を生《い》きる

二〇二四年一一月二五日 第一刷発行

著者 平野《ひらの》高志《たかし》

発行者 太田《おおた》克史《かつし》
編集担当 片倉直弥《かたくらなおや》
発行所 株式会社星海社
〒一一二-〇〇一三
東京都文京区音羽一-一七-一四 音羽YKビル四階
電話 〇三-六九〇二-一七三〇
FAX 〇三-六九〇二-一七三一
https://www.seikaisha.co.jp
発売元 株式会社講談社
〒一一二-八〇〇一
東京都文京区音羽二-一二-二一
(販売)〇三-五三九五-五八一七
(業務)〇三-五三九五-三六一五
印刷所 TOPPAN株式会社
製本所 株式会社国宝社

アートディレクター 吉岡秀典《よしおかひでのり》(セプテンバーカウボーイ)
デザイナー 鯉沼恵一《こいぬまけいいち》(ピュープ)
フォントディレクター 紺野慎一《こんのしんいち》
校閲 鷗来堂《おうらいどう》

ISBN978-4-06-537679-9
Printed in Japan

318
SEIKAISHA SHINSHO